# 현실경제의 이해

한상인 · 이승모 · 이동헌

유원북스

# 머리말

"철도요금이 주말에는 왜 비싸고 주중에는 왜 싼가?"라고 질문하면 거의 대다수는 주말에는 수요가 많고 주중에는 수요가 적기 때문이라고 대답한다. 그러나 이 대답은 틀린 것이다.

피서철에 휴가지의 숙박요금이 평상시에 비해 아주 높기 때문에 그것을 '바가지요금'이라 하면서 정부가 규제해야 한다는 신문기사가 등장한다. 과연 그 요금을 규제하는 것이 소비자들에게 도움이 될까? 그렇지 않다.

이와 같이 경제현상에 대해 잘못 해석되고 있는 경우가 허다하다. 경제현상에 대한 잘못된 해석은 그릇된 규제와 정책을 유도하게 된다. 그 결과 우리들이 보다 나은 삶을 영위할 수 있는 기회를 잃어버리게 된다. 이런 결과를 초래하게 된 이유는 시장경제의 작동원리를 올바르게 이해하지 못하거나 시장경제에 대한 그릇된 통념에 빠져 있기 때문이다.

따라서 우리들의 보다 나은 삶을 위해 이 책이 지향하는 목표는 "무엇이 경제현상에 대한 올바른 해석인지" 그리고 "무엇이 올바른 경제정책인지"를 독자들이 아주 쉽게 파악할 수 있도록 하는 것이다. 이러한 목표를 달성하기 위해 세 사람이 의기투합하여, 아주 단순하고 기본적인 경제적 사고 및 시장경제의 작동원리를 토대로 현실생활에서 빈번히 일어나는 경제현상들과 경제문제들을 경제학의 문외한들도 쉽게 이해가 되도록 서술했다.

이에 따른 이 책의 특징은 다음과 같다.

첫째, '현실경제의 이해'라는 책 제목에 부합하도록 일반적인 경제현상과 경제문제뿐만 아니라 불황, 실업, 인플레이션, SSM법, 투기, 도덕적 해이, 선물·옵션 등 최근 관심도가 높은 주제들도 다루고 있다.

둘째, 여러 가지 경제현상들 및 경제문제들을 주제별로 10개의 장으로 구분하고, 각 장 속에 포함되는 다양한 주제들을 각 강으로 구성하였다.

셋째, 각 강에서는 대화형식으로 질문을 제시하고, 기본적인 경제적 사고 및 시장경제의 작동원리에 입각하여 그에 대한 해답을 알기 쉽게 제시하였다.

넷째, 각 강의 말미에는 전체적인 흐름을 도식화한 개요를 작성하여 한눈에 이해하고 정리할 수 있도록 하였다.

다섯째, 충분한 설명이 필요한 부분에 대해서는 그림과 표 그리고 가상적인 사례들을 통해 이해를 돕고자 하였다.

이런 논의를 통해서 경제현상과 경제규제에 대해 우리 모두가 올바른 인식을 정립하여 보다 나은 삶을 영위할 수 있는 기회가 되기를 필자들은 기대한다.

이 책이 출간되도록 물심양면으로 지원을 아끼지 않으신 유원북스의 이구만 사장님과 정교한 편집과 교정을 해주신 전충영 편집장님께 감사드린다.

끝으로 내용에 대한 미진한 부분이나 오류 및 편견에 대해서는 전적으로 필자들의 책임이다. 이에 대한 질책과 충고를 겸허하게 받아들일 것이다.

갑오년 초하
달구벌에서
저자 일동

# 목 차

# 제1장
# 인간세상은 희소성의 세상이다.

# 1강 우리는 왜 원하는 것을 모두 가질 수 없나!: 희소성, 경제문제, 경쟁, 선택

우리들은 잘살든 못살든 서로 많이 가지려고 한다. 심지어 잘사는 국가에서도 서로 많이 가지려고 한다. 왜 그런가? 우리가 원하는 것들을 충족할 만큼 생산하지 못하기 때문인가?

현재는 과거에 비해 생산력이 아주 높아 다양한 재화를 아주 많이 생산한다. 지금 가난한 사람들조차 옛날의 어떤 왕들보다 더 좋은 것들을 더 많이 갖고 있다. 따라서 우리가 원하는 것을 모두 가질 수 없는 것은 생산량이 절대적으로 부족하기 때문이라고 할 수 없다. 물론 아주 생산력이 낮아 기아선상에 있는 나라들도 있다. 하지만 대부분 국가들의 국민들은 그렇지 않다. 그렇다면 무엇 때문인가?

우리 인간들은 기아선상에 있으면 배고픔만 해결하면 소원이 없겠다고 한다. 그러나 그 배고픔이 해결되고나면 더 이상 소원은 발생하지 않는가? 그렇지 않다. 옷에 대한 욕구가 발생하고, 그것이 해결되면 거처에 대한 욕구가 발생한다. 이런 원초적인 의식주에 대한 욕구가 해결되면 자동차 그리고 영화, 가수의 노래, 의사의 진료, 선생의 강의 등을 통해 다양한 욕구를 충족하고자 한다. 심지어 의식주에 대해서도 보다 좋은 것을 원한다. 양의 충족뿐만 아니라 질의 충족도 원한다. 한마디로 "우리 인간의 욕망은 끝이 없다." 우리 인간의 욕구는 충족되자마자 보다 더 높은 새로운 욕구가 항상 생기는 것이다. 즉, 우리 인간들은 서 있으면 앉고 싶고, 앉으면 눕고 싶은 것이다. 이와 같이 우리 인간들의 욕구가 무한하기 때문에, 근면하고 기술수준이 발전하여 많은 것들이 생산되더라도 우리는 결코 원하는 것을 모두 가질 수 없는 것이다.

의식주와 자동차, 영화, 가수의 노래, 의사의 진료, 선생의 강의 등 우리 인간들의 욕구를 충족시키는 것들을 경제학 용어로 재화(財貨: goods)라고 한다.[1] 그리고 우리들의 욕구에 비해 그 충족수단인 재화가 상대적으로 부족한 상태를 희소성이라고 하며, 그 상태가 지속적으로 나타날 때 희소성의 법칙(law of scarcity)에 지배를 받는다고 한다. 따라서 인간의 욕구가 무한하기 때문에 우리는 희소성의 법칙의 지배로부터 벗어날 수 없다.

그러면, 희소성은 비극인가? 아무리 노력해도 희소성으로부터 벗어날 수 없기 때문에 일견 비극처럼 보인다. 하지만 우리 인간들은 염세주의와 패배주의에 빠져 자포자기를 한 것이 아니라, 오히려 피할 수 없으면 즐겨야 한다는 사고로 비극적인 상황에서 스스로를 위해 할 수 있는 것을 해왔다. 즉, 희소성에서 벗어나려는 헛된 노력 대신에 그것을 겸허히 받아들이면서 항상 새로이 발생하는 욕구를 상대적으로 더 많이 충족시키려고 노력해 왔다. 그 결과 현재 우리는 선조들이 결코 누리지 못했던 것들을 누리고 있는 것이다. 이것이 우리 인간의 역사이다.

---

1 재화를 의식주와 자동차 등과 같은 유형적인 것과 의사의 진료와 선생의 강의 등과 같은 무형적인 것으로 분류하기도 한다. 전자를 재화, 후자를 용역 또는 외래어로 서비스라고 한다. 따라서 좁은 의미의 재화는 유형적인 것만을 의미하지만, 일반적으로 재화라는 것은 유·무형에 관계없이 좁은 의미의 재화와 용역을 모두 포괄하는 개념이다.

희소성의 세상에서 우리 인간들은 어떤 상황에 직면할까? 자원은 희소하면서 다양한 용도를 갖고 있다. 밀가루로 빵, 국수, 수제비 등 다양한 것들을 만들 수 있다. 그런데 밀가루로 빵을 만들면 국수나 수제비를 만들 수 없다. 따라서 빵을 만들고자 하는 사람, 국수를 만들고자 하는 사람, 수제비를 만들고자 하는 사람들 간에 밀가루를 차지하기 위해 서로 다투게 된다. 이런 상황을 자원이용의 경합성이라 한다. 따라서 우리들 각자는 자신들의 욕구에 부합되는 것들이 많이 생산될 수 있도록 희소한 자원들이 사용되기를 바라고 있다. 자원 사용에 관한 갈등은 나와 타인 간에서만 발생하는 것이 아니라 로빈슨 크루소처럼 혼자일 경우에도 발생한다. 그가 밀가루로 빵을 만들면 그것에 사용된 밀가루로 국수 등 다른 것을 만들 수 없기 때문이다.

우리들이 밀가루로 빵을 10개 만들었다고 하자. 만약 필자가 9개를 차지하면 여러분들에게는 10개 중 9개를 제외한 1개만 남겨지게 된다. 즉, 생산된 재화들은 어떤 개인이 얼마만큼 차지하면 타인들에게는 그만큼 적게 남겨지게 된다. 따라서 구성원들은 생산물을 서로서로 더 많이 가지려고 한다. 이런 상황을 소비의 경합성이라 한다. 이런 갈등은 로빈슨 크루소처럼 혼자일 경우에는 발생하지 않는다.

이와 같이 희소성이 지배하는 인간세상에서는 자원이용의 경합성과 소비의 경합성으로 인해 자원이용과 소비에 관하여 자신뿐만 아니라 나와 타인들 간에 이해(利害)의 갈등이 반드시 발생하는 것이다. 특히 인간사회의 갈등은 자신들 각자의 욕구충족 극대화를 위해 타인들을 배제시키려고 하는 충동으로부터 발생한다.

따라서 모든 사회에서는 다음과 같은 근본문제에 직면하게 되고 그것을 해결해야 한다. 자원이용의 경합성으로부터 발생하는 갈등을 해결하기 위해 희소한 자원으로 "① 무엇을 얼마나 생산할 것인가? ② 어떻게 생산할 것인가?"라는 생산문제를 해결해야 한다. 또한 소비의 경합성으로부터 발생하는 갈등을 해결하기 위해 "③ 생산된 것을 어떻게 나눌 것인가?"라는 분배문제도 해결해야 한다.

이와 같이 우리 인간들은 희소성의 법칙에 지배를 받기 때문에 자원이용의 경합성과 소비의 경합성으로 인해 생산(즉, 자원사용)과 재화의 분배에 관련된 문제에 반드시 직면하고 그것을 해결해야만 하는 것이다. 이런 점에서 위의 생산과 분배 문제를 경제(학)의 근본문제라 한다.

방금 본 것처럼, 경제문제가 발생하는 근본적인 원인은 희소성의 법칙에 지배를 받기 때문이다. 희소성의 법칙에 지배를 받는 인간세상은 항상 자원이용의 경합성과 소비의 경합성에 직면한다. 이런 경합성에 직면하다는 것은 무엇을 의미할까?

그것은 자원이용과 재화의 소비에 있어서 나와 타인 간 경합을 할 수밖에 없다는 것을 의미한다. 경합을 상투적으로 표현하면 경쟁이다. 따라서 희소성의 법칙에 지배를 받는 어떤 인간세상에서도 나와 타인 간 '경쟁'을 피할 수 없다. 단지 사회경제체제에 따라 경쟁의 형태가 다를 뿐이고 그에 따라 생산과 분배의 결과도 달라진다. 원시시대나 봉건시대에는 폭력 즉 물리적인 힘에 의해 경쟁을 하였으며, 자본주의 시장경제에서는 돈 즉 가격으로 경쟁을 한다.

이와 같이 희소성의 지배를 받는 인간사회는 반드시 경쟁을 피할 수 없다. 다만 사회마다 경쟁의 형태 내지 수단이 다를 뿐이고 그에 따른 사회적 결과도 달라지게 된다. 그러므로 우리는 다양한 경쟁형태 중 어느 한 가지를 선택(choice)해야만 하는 상황에 직면하게 된다. 따라서 희소성의 세계에서는 '선택'도 피할 수 없다!

물론 로빈슨 크루소처럼 혼자 있을 경우에도 자원이 희소하므로 선택을 할 수밖에 없다. 혼자일 경우 타인과 이해갈등이 발생하지 않으므로 경쟁을 할 필요도 없고 경쟁의 형태를 선택할 필요성은 없지만, 희소한 자원의 사용에 관한 갈등은 발생한다. 밀가루로 빵을 만들 것인가 아니면 스파게티를 만들 것인가? 그것을 어떻게 만들 것인가? 즉, "희소한 자원을 가지고 무엇을 어떻게 생산할 것인가?"라는 갈등에 직면하게 되는 것이다. 따라서 그는 희소자원의 사용용도와 방법에 대해 선택할 수밖에 없는 것이다.

이와 같이 희소성의 세계에서는 개인적인 차원뿐만 아니라 사회적인 차원에서도 선택에 직면하게 되고 경제학은 그것을 연구하는 학문이므로, 경제학을 선택의 학문이라고도 한다.

우리 인간들은 희소성을 벗어날 수 없기 때문에 경쟁을 할 수밖에 없으며, 따라서 우리 인간들이 해결해야 하는 문제는 경쟁을 없애는 것이 아니라 "어떤 경쟁형태를 선택할 것인가?" 하는 것이다. 경쟁을 없애려고 노력하는 것은 헛수고일 뿐만 아니라 인간에게 도달할 수 없는 욕망만을 키워줄 뿐이다. 어떤 경쟁형태를 선택할 것인가 하는 것에 대해 어느 누구도 답을 할 수는 없다. 왜냐하면, 사회구성원들이 어떤 결과를 원하느냐에 따라 어떤 경쟁형태가 상대적으로 더 나은지가 결정되기 때문이다. 그러면, 어떤 경쟁형태를 선택할 것인가 하는 결정은 사회구성원들에게 맡겨 놓더라도, 우선 알아야 할 것은 경쟁형태에 따른 사회적 결과들이다. 이를 위해 우리들은 경쟁형태에 따른 사회적 결과들을 살펴볼 필요가 있다. 이 책에서는 우리가 현재 직면하고 있는 자본주의 시장경제의 결과들을 다룬다. 다만 사회주의 계획경제에 대해서는 4강에서 간략하게 다룬다.

## 1강 개요

발전: 생산↑ ⇒ 원하는 것 모두 가질 수 없나?: 희소성 지배

↑

궁극적 원인: 인간욕구 무한

↓

인간세상: 희소성 지배

↓

| 자원이용의 경합성 | 생산문제 발생: 무엇을, 얼마나, 어떻게 생산 |
|---|---|
| 소비의 경합성 | 분배문제 발생: 생산물 누가 소유 |

↓

경쟁: 피할 수 없음

↓

경쟁형태(경제체제)에 따라 상이한 결과 도출

↓

경쟁형태: 선택

자원이용의 경합성: 자원의 용도 선택

↓

경제학: 선택의 학문

# 2강 무료진료는 공짜인가?: 기회비용

무료진료, 무료주차 등 우리들은 무료라는 형용사가 붙으면 으레 공짜라고 생각한다. 공짜라고 생각하는 이유는 진료나 주차를 하기 위해 화폐적으로 지불하는 것이 없기 때문이다. 하지만 실제로 공짜가 되려면 희생하는 것, 즉 치르는 대가가 없어야 한다. 다시 말하면 그것을 하기 위해 포기하는 것이 없어야 한다. 이런 점에서 무료진료가 공짜인지를 검토해 보자.

유료진료에서 무료진료로 바뀌면 화폐로 지출하는 진료비는 0이다. 하지만 유료진료에서 무료진료로 바뀌면 무슨 일이 일어날까? 환자들의 수가 증가할 것이다. 그 결과 진료를 받기 위한 대기시간이 아주 많이 증가할 것이다. 화폐지출은 감소하였지만 반면 대기시간은 늘어난다. 대기시간의 증가로 우리는 포기하는 것이 없을까? 대기시간이 늘어남으로써 우리는 그 시간에 할 수 있는 다른 어떤 것을 포기하는 것이다. 친구와 연인 혹은 가족 간의 대화, 독서, 영화감상 등을 포기하는 것이다. 따라서 무료진료는 실제로 공짜가 아닌 것이다.[1]

1 유료진료일 경우에도 대기시간, 진료시간 그리고 병원에 다녀오는 시간 등을 포기

무료진료는 개인 측면에서도 공짜가 아니지만 사회 측면에서 보면 더 더욱 공짜가 아니다. 무료진료를 위해서 다른 사람이 희생한다. 의사가 무료진료에 대한 대가를 국가나 정부로부터 받지 않으면 의사는 그 시간에 자신이 할 수 있는 어떤 것을 포기하는 것이다. 유료진료로부터 받을 수 있는 화폐소득 혹은 친구 및 가족 간의 대화, 독서, 영화감상 등으로부터 얻을 수 있는 만족감을 포기하는 것이다. 또한 정부가 진료비를 지원한다면, 그 돈으로 할 수 있는 다른 공공사업(도로건설, 문화 및 복지회관 등)을 포기하는 것이다. 또한 정부지원을 위해 누군가 세금을 더 많이 납부해야 한다면, 그 사람은 자신이 그 돈으로 할 수 있는 것을 포기하는 것이다. 따라서 무료라는 것이 결코 공짜를 의미하는 것이 아니라는 것을 알 수 있다. 자신은 화폐적 지출을 하지 않지만 다른 대가를 치르고 있고, 타인들도 대가를 치르고 있다.

이와 같이 우리가 무엇을 하면 반드시 자신이나 타인이 다른 것을 포기해야 한다. 그러므로 이 세상에는 공짜가 없다. 하지만 선물이나 자선 같은 경우에는 공짜가 아닌가라고 반문할 수 있다. 그 경우에도 그것을 받는 사람에게는 공짜일 수 있으나,[2] 제공자는 그것으로 할 수 있는 다른 것을 포기하기 때문에 대신 그 제공자가 대가를 치르고 있다. 따라서 선물과 자선의 경우에도 사회적으로는 공짜가 아니다.

그럼, 인간 세상에는 공짜가 정말로 없을까? 있다. 정상적인 곳의 공기는 공짜이다. 숨 쉬는 데 필요한 공기는 우리의 욕구에 비해 많다. 공기가 남아서 다른 곳에 이용되지 않고 있다. 따라서 우리가 숨 쉬는

---

하고 있다.

2 선물이 그전에 무엇에 대한 보답이거나, 그 선물에 대해 차후에 무엇인가를 해주어야 한다면 선물은 개인적으로도 공짜가 아니다.

데 사용된 공기로 인해 포기된 것이 없기 때문에 정상적인 곳의 공기는 공짜이다. 하지만 오염된 곳, 높은 산, 물속에서의 공기는 우리의 욕구에 비해 부족하므로 공짜가 아니다. 정상적인 곳의 공기처럼 공짜인 재화를 자유재[3]라고 한다.

정상적인 곳의 공기와 같은 자유재의 사용을 제외하고는 무엇을 하든지 공짜가 없는 근본적인 이유는 무엇인가? 1강에서 본 바와 같이 자원들이 희소하기 때문이다. 희소한 자원들은 모두 대안적인 용도들을 갖고 있다. 우리가 자원들을 어떤 욕구충족을 위해 사용하면 다른 욕구들을 충족할 수 없다. 따라서 우리는 무엇을 하든지 반드시 포기하는 것이 있기 마련이고, 결과적으로 공짜가 없는 것이다.

그렇다면 희소성의 인간세상에서는 자원은 어떻게 이용되어야 할 것인가? 이에 대한 답을 도출하기 위해 독자 여러분에게 한 가지 질문을 해 보자. 밀가루가 한 봉지 있다고 하자. 그것으로 빵 1개를 만들 수 있거나 또는 국수 1그릇을 만들 수 있다고 하자. 이런 상황에서 여러분은 그 밀가루로 무엇을 만들 것인가? 어떤 독자들은 빵을, 다른 독자들은 국수를 만들려고 할 것이다. 그런 결정을 어떻게 내리는가? 만약 여러분이 빵 1개의 가치를 국수 1그릇보다 높게 평가한다면 빵을 만들 것이고, 그 반대이면 국수를 만들 것이다. 가장 높은 가치를 얻는 것에 자원을 사용한다. 이런 방식으로 자원을 사용하는 것을 효율적인 자원배분이라고 한다. 희소성의 인간세상에서는 자원들이 가장 높은 가치

3 자유재는 희소성의 법칙을 받지 않는 재화이다. 반면 희소성의 지배를 받는 재화가 희소재인데, '경제재'라고도 한다. 경제문제를 일으키고 경제학의 분석대상이 되는 재화이기 때문이다. 공기와 같은 어떤 특정 재화가 반드시 자유재인 것은 아니다. 공기가 희소성의 지배를 받지 않으면 자유재이고 받으면 희소재 또는 경제재가 된다. 오염된 곳, 높은 산, 물속에서의 공기는 희소재이다. 현실에서 자유재는 그 수가 극히 적다.

를 얻도록 사용되어야만 주어진 자원으로 우리들의 욕구충족이 극대화 되기 때문이다.

욕구충족의 극대화는 욕구충족으로 얻는 만족감(즉, 가치)이 극대화 되도록 자원이 사용되어야 이루어진다. 그것을 달성하기 위해 여러분들은 실제로 얻는 가치와 포기한 가치를 비교하여 결정한다. 밀가루로 빵을 만듦으로써 얻는 가치는 여러분이 빵의 소비로부터 얻는 만족감이며 그로 인한 포기한 가치는 국수의 소비로부터 얻는 만족감이다. 마찬가지로 밀가루로 국수를 만듦으로써 얻는 가치는 여러분이 국수 소비로부터 얻는 만족감이며, 그로 인한 포기한 가치는 빵 소비로부터 얻는 만족감이다. 여러분들이 빵의 가치가 국수의 가치보다 클 때 밀가루로 빵을 만든다고 했다. 실제 그런 결정과정을 자세히 살펴보면 다음과 같다.

빵을 만듦으로써 얻는 가치와 그로 인해 포기한 국수의 가치를 비교했을 때 얻는 가치(빵의 가치)가 포기한 가치(국수의 가치)보다 크기 때문에 빵을 만들기로 결정한 것이다. 만약 반대로, 얻는 가치가 포기한 가치보다 작다면 빵을 만들지 않고 국수를 만들었을 것이다. 이것은 국수를 만듦으로써 얻는 가치(국수의 가치)가 그로 인해 포기한 가치(빵의 가치)보다 크기 때문에 국수를 만든 것으로 해석할 수 있다. 따라서 우리는 무엇을 할 것인가라는 선택에 직면할 때, 어떤 행위를 함으로써 얻는 가치가 포기한 가치보다 클 때 그 행위를 선택한다는 결론을 내릴 수 있다. 어떤 행위를 함으로써 얻는 가치를 경제학자들은 편익(benefit)이라고 하며, 그로 인해 포기한 가치를 기회비용(opportunity cost)이라 한다. 우리는 선택(즉 행동)을 할 때 항상 편익과 기회비용을 비교한다. 편익이 기회비용보다 크면 그것을 하고, 반대이면 그것을 하지 않고 다른 것을 한다.

여러분들은 비용-편익 분석이라는 말을 들어봤을 것이다. 특히 정부가 공공사업의 투자를 결정할 때 이 분석에 입각했다는 주장을 많이 들어봤을 것이다. 이 분석은 실제로는 방금 살펴 본 기회비용과 편익을 비교하는 기회비용-편익 분석을 의미한다. 따라서 이 분석은 공공사업의 투자결정에만 적용되는 것이 아니라 모든 행동을 결정할 때 우리 인간들은 이 분석에 의존한다. 그런데 왜 기회비용-편익 분석이라고 하지 않고 비용-편익 분석이라고 하는가?

경제학에서 비용은 기회비용을 의미하기 때문이다. 기회비용은 통상적으로 사용하는 비용과는 다르다. 통상적인 비용은 무엇을 얻기 위해 '화폐로 지출된 것'이다. 반면 기회비용은 위에서 본 것처럼 '포기된 것'이다. 앞의 무료진료에서 본 것처럼 포기된 것과 화폐로 지출된 것에는 차이가 있다. 이런 차이점을 보여주기 위해 '포기된 것'을 단순히 비용이라 하지 않고 앞에 형용사 '기회'라는 말을 덧붙였다.[4]

방금 기회비용은 포기된 것이라고 정의했다. 정확한 의미는 포기된 것 중 가장 가치 있는 것이다. 밀가루 1봉지로 빵 1개를 만들 수 있거나 또는 국수 1그릇 혹은 수제비 1그릇을 만들 수 있다고 하자. 그것들에 대해서 빵, 국수, 수제비의 순서대로 가치를 평가한다면 빵의 기회비용은 국수와 수제비 둘 다는 아니다. 빵을 생산하지 않을 경우, 국수와 수제비를 동시에 1그릇씩 생산할 수 있는 것이 아니다. 국수나 수제비 중 어느 하나만 생산할 수 있다. 그러면 국수와 수제비 중 어느 것이 포기된 것인가? 수제비를 포기했다고는 하지 않을 것이다. 수제비

4 기회라는 형용사를 붙인 이유는 포기된 것이란 결국 포기된 기회이기 때문이다. 빵을 얻기 위해 국수를 얻을 기회를 포기하고, 국수를 얻기 위해 빵을 얻을 기회를 포기하는 것이다.

의 가치가 국수보다 작은데, 어느 누구도 작은 것을 포기했다고 하지 않는다. 따라서 기회비용은 포기된 것 중 가장 가치있는 것이다.

어떤 것을 행하는 것은 그에 소요되는 자원을 가지고 할 수 있는 여러 대안들 중에서 그것을 선택한 것이다. 이런 점에서 기회비용은 바로 선택의 대가이다. 우리가 어떤 것을 행하는 것은 항상 선택하는 것이고, 따라서 그 대가인 기회비용이 수반된다는 점을 명심하라! 이것이 바로 경제학적으로 사고하는 것이다. 희소한 자원을 보다 높은 가치를 지닌 용도로 이용하려면 기회비용적 사고가 필수적이기 때문이다.

우리는 흔히 "무엇이 필요하다"라고 주장한다. 고속도로, 전철, 돔 야구장, 복지시설 등등 여러 가지들. "더 많은 고속도로가 필요하다"라고 할 때, 이 말의 진정한 의미는 무엇인가? 그 의미는 그것이 정말로 '필요'한 것인가를 파악해봄으로써 알 수 있다.

새로운 고속도로를 건설하기 위해서는 많은 자원(노동과 건설장비 등)들이 소요된다. 그 자원들을 구입하기 위해서는 돈이 있어야 한다. 고속도로 건설에 사용될 돈을 고속도로가 필요하다고 주장하는 사람들 자신들이 지불해야 한다면 과연 그들은 필요하다는 주장을 할 것인가? 아마도 그들은 필요 없다고 할 것이다. 이와 같이 일상적으로 사용하는 '필요'라는 개념은 없어서는 안 될 것이라는 의미가 아니라 단지 자신들의 소망을 나타내는 것일 뿐이다.

이에 대해 대다수는 다음과 같이 주장한다. 즉, 그것이 건설됨으로써 우리 사회가 얻을 수 있는 가치가 있기 때문에 국민들이 납부한 세금으로 건설해야 한다고 한다. 그들의 주장도 역시 고속도로 건설의 편익만을 강조하고 있다. (기회)비용을 무시하고 있다. 우리는 고속도로 건설에 소요되는 세금으로 고속도로 건설 이외의 다른 다양한 용도로 사용할 수 있다. 복지, 문화, 양질의 물, 교육 등등. 우리는 고속도로 건설로 이런 것들을 포기해야 하는 것이다. 이런 것들의 가치가 새로운 고속도로의 가치보다 크다면 과연 새로운 고속도로가 필요하다는 주장이 타당한가? 그렇지 않다. 따라서 우리는 그것이 진정 필요한 것인지를 검토하기 위해서는 편익뿐만 아니라 반드시 (기회)비용을 따져 봐야 한다. 즉, 비용-편익 분석이 필요한 것이다.

그러므로 "누가 무엇이 더 필요하다"라고 말하는 것은 좋게 봐 주면 기회비용에 대한 무지의 결과라고 볼 수 있다. 이런 점을 알면서도 그렇게 주장하는 것은 그 비용을 타인들이 부담하도록 유도하거나 혼란시키는 것으로서, 말하는 사람의 나쁜 마음이 내포된 것으로 볼 수 있다.

무엇을 생산하든 항상 기회비용이 수반되므로 무엇이 필요하다고 말하는 사람에게 항상 다음과 같은 질문을 해야 한다: "그 비용을 당신이 부담할 것인가?" 그리고 "그것을 얻기 위해서 어떤 재화 또는 어떤 욕구를 포기할 것인가?" 다시 말하면, 그렇게 하는 것이 무엇을 희생하는지 그리고 누구를 위한 것인지를 파악할 필요가 있는 것이다.

위에서 통상적인 비용과 기회비용 간에는 차이가 있다는 것을 간략히 보았다. 이제 그 차이점을 좀 더 구체적으로 살펴보자. 이를 위해 대학생활의 비용을 다루어 보자.

"일반적으로 대학생활의 비용이 얼마가 되는가?"라고 물어 보면, 독자나 대부분의 학생들이 다음과 같이 대답한다. "등록금, 책값, 잡비 등"이라고. 이런 답은 화폐로 지출된 통상적인 비용을 언급한 것이다.

반면 기회비용은 포기된 것이므로, 이런 관점에서 대학생활의 비용을 살펴보자.

이런 화폐 지출은 다른 용도에 지출함으로써 얻을 수 있는 것을 포기한 것이 분명하므로 기회비용에 포함된다.[5] 한편 지출되지는 않았지만 포기된 것이 있다. 만약 대학에 진학하지 않고 직장생활을 한다면, 여러분은 4년 동안의 소득을 획득할 수 있는데, 대학생활을 함으로써 그것을 포기하고 있는 것이므로 이것은 기회비용에 반드시 포함되어야 하는 것이다. 아울러 등록금이나 책값을 은행에 정기예금을 해두었다면 얻을 수 있는 이자수입도 포기한 것이다. 따라서 이런 것들도 대학생활의 기회비용에 포함되어야 하는 것이다.

이승엽, 이동국 등 많은 프로 선수들은 대학에 진학한 후 프로로 가기보다는 고등학교 졸업 후 바로 프로에 입문하고 있다. 그들이 그렇게 한 이유는 대학진학에 따른 화폐로 지출할 비용이 편익보다 작을 수는 있지만 기회비용이 편익보다 너무나 크기 때문이다. 빌게이츠의 경우 대학 2학년을 마치고 중퇴를 했다. 그 이유도 마찬가지이다.

그렇다면, 기회비용 중 포기된 것인데도 불구하고 화폐로 지출되지 않는 것은 무엇인가? 대학생활을 하지 않고 직장생활을 했더라면 얻을 수 있는 수입은 자신 노동의 대가이며, 등록금을 예치했다면 얻을 수 있는 이자수입은 자신 소유 등록금의 대가이다. 이와 같은 자신이 소유한 자원에 대한 대가는 포기된 것인데도 불구하고 화폐로 지출되

5 잡비는 실제로 기회비용에 속하지 않는다. 대학생활뿐 아니라 직장생활 등 다른 생활에서도 잡비는 소요된다. 따라서 대학생활에서의 잡비로 포기된 것이 없기 때문이다. 다만 대학생활의 잡비가 다른 생활의 잡비보다 많다면 그 차이만큼 포함되고, 적다면 그 차이만큼 제해야 한다. 하지만 계산상 편리성을 위해 잡비는 모든 부문에서의 기회비용으로 포함한다.

지 않으므로 잠재적 비용 또는 암묵적 비용이라고 한다. 올바른 선택과 행동을 위해서는 잠재적 비용도 고려해야 한다.

기회비용과 통상적 비용 간의 관계를 다음과 같이 정립할 수 있다.

기회비용 = 통상적 비용 + 잠재적 비용(암묵적 비용)

통상적인 비용이 '보이는 것'이라면 잠재적 비용은 '보이지 않는 것'이다. 기회비용에는 보이는 것뿐 아니라 보이지 않는 것도 분명히 있다. 우리 인생사에 있어서 선택의 순간에 보이는 것만 보지 말고 보이지 않는 것도 볼 수 있어야 한다는 시사점을 기회비용이 그대로 나타내고 있는 것이다. 그래서 거듭 강조하지만 우리는 기회비용적 사고에 익숙해져야 하는 것이다. 세상에는 보이지는 않더라도 그 속에는 반드시 치루는 대가가 있다(공짜가 없다!).

기회비용을 경제학적 비용, 통상적인 비용을 회계학적 비용이라고 한다. 통상적인 비용은 회계처리, 즉 수지계산에 사용되기 때문이다. 반면 기회비용을 경제학적 비용이라고 하는 이유는 다음과 같다. 경제학은 우리들의 욕구충족 극대화를 위해 희소한 자원의 이용에 관한 학문이다. 희소한 자원의 사용은 그것으로 무엇을 할 것인가 하는 선택이고 행동이다. 따라서 경제학은 합리적인 선택과 행동에 초점을 두고 있다. 선택과 행동이 합리적이 되려면 위에서 본 것처럼 기회비용을 반드시 고려해야 한다. 이와 같이 경제학은 선택과 행동의 학문이므로 기회비용을 경제학적 비용이라고 한다. 그래서 경제학에서 비용이라는 의미는 기회비용이다.

따라서 비용은 목적에 따라 사용되어야 한다. '선택'에 관한 문제에 대해서는 '기회비용'을, '회계처리'에서는 '통상적인 비용'을 사용하는 것이 적절하다. 다음의 예를 통해 그 적절성을 볼 수 있다.

건물 소유주인 독자는 매달 200만원의 세를 받아 생활을 하고 있다. 그러던 여러분이 가게를 직접 운영하기로 결심하고 세입자를 계약기간의 종료 시 내보냈다. 여러분은 옷가게를 운영했는데, 한 달간 정산을 하니 수입이 600만원이고 지출이 450만원으로 수익이 150만원이었다. 그 다음 두세 달도 비슷하였고 앞으로의 수익도 그 수준에 불과할 것으로 예상되었다. 과연 여러분은 직접 그 옷가게를 계속 운영할 것인가? 여러분은 분명히 옷가게를 직접 운영하지 않고 세를 줄 것이라고 답할 것이다.

수지상으로는 가게 운영으로 150만원의 수익을 낳지만 세를 줄 때에 비해 50만원의 수익이 줄어들고 있기 때문이다. 이때 분명히 고려하는 것은 가게운영으로 포기된 월세수입(즉, 잠재적 비용)을 고려하고 있다. 가게운영의 수지를 계산할 때는 통상적인 비용(450만원)이 적절하지만, 가게를 계속할 것인가 세를 줄 것인가라는 결정, 즉 선택에는 기회비용〔=통상적 비용(450만원)+잠재적 비용(200만원)〕이 적절하다는 것을 명백히 보여 주고 있다.

## 2강 개요

| 선택(의사결정): 편익과 기회비용 비교 |
|---|
| 편익: 행위를 함으로써 얻는 가치(효용) |
| 기회비용: 행위를 함으로써 포기하는 가치(효용)<br>치르는 대가 |

↓

| 기회비용 = | 통상적 비용 + | 잠재적 비용 |
|---|---|---|
| 포기 ○ | 지출 ○ | 지출 × |
| | 포기 ○ | 포기 ○ |
| 선택 시 이용 | 수지계산 시 사용 | ※ 자신소유 요소의 대가 |
| 경제학적 비용 | 회계학적 비용 | |

↓

| 무료진료(개인 입장) | |
|---|---|
| 통상적 비용 | 0 |
| 기회비용 | 대기시간의 가치 |

| 무료진료(사회 입장) | | |
|---|---|---|
| | 의사 부담 | 세금 충당 |
| 통상적 비용 | 0 | 세금 |
| 기회비용 | 대기시간 가치<br>+ 의사가 포기한 가치 | 대기시간의 가치<br>+ 세금(납부자가 포기한 가치) |

↓

공짜: 기회비용 0 ⇒ 무료진료(개인 입장, 사회 입장) 공짜 ×

※ 필요: 기회비용 무시하는 경향 ⇒ 진정한 필요: 편익 > (기회)비용

MEMO

# 3강 본전 생각에 망한다! : 한계원리

주식시장에서 개미들이 실패를 하는 이유 중의 하나로 흔히 "본전 생각 때문에 손절매[1]를 하지 못하는 것"을 들고 있다. 누구든지 손실을 볼 경우, 본전 생각이 나기 마련이다. 그러나 본전에 집착하면 오히려 더 큰 손실에 직면하는 경우가 주식시장뿐 아니라 모든 행위에서 다반사로 발생한다. 독자 여러분들도 고스톱이라는 화투놀이에서 본전 생각에 무리하게 뻘고를 함으로써 더 큰 손실을 본 경험을 해보았을 것이다.

본전에 집착하면 왜 더 큰 손실에 직면하는 경우가 다반사일까? 그 이유를 살펴보기 위해 독자 여러분이 다음과 같은 상황에 직면하였을 때 어떻게 할 것이며 그에 따른 결과가 무엇인지를 검토해 보자. 4년의 생산기간이 소요되는 어떤 사업의 수익성을 검토해 본 결과, 예상수입이 6억이고 예상비용이 4억으로 추정되어, 그 사업을 시작했다. 개시 후 2년이 지난 시점에 다시 평가를 해보니 그 동안 소요된 비용은

1 손절매란 현재 손실을 보고 있더라도 더 큰 손실을 피하기 위해 손실을 보면서 파는 것을 말한다.

2억이고 공정은 50%로서 예상대로 진척이 되고 있었다. 하지만 그 때 인건비, 자재비 등의 상승으로 남은 공정을 완성하기 위해서는 예상과 달리 추가비용이 2억이 아니라 7억이 소요될 것으로 추정되었다. 즉 총공사비가 4억이 아니라 9억이 소요될 것으로 추정되었다. 반면 예상 수입은 변동 없이 6억으로 추정되었다. 또한 현재 50% 진척된 결과물은 미완성품으로 가치가 없어서 시장에서 팔리지 않는다. 이런 경우 여러분들은 그 사업을 계속할 것인가 중단할 것인가? 예상비용은 9억이고 예상수입이 6억이므로 현재까지 투자한 2억의 손실을 보더라도 중단하고자 할 것이다. 그러나 투자한 2억, 즉 본전이 아까워서 계속하게 되면 손실은 3억으로 늘어나게 된다. 따라서 본전에 집착하면 더 큰 손실을 입게 된다는 것을 알 수 있다.

만약 추가비용이 7억이 아니라 5억이라면, 즉 총비용이 9억이 아니라 7억이라면 어떻게 할 것인가? 어떤 독자는 수입이 6억이고 비용이 7억이므로 1억의 손실이라는 결과를 초래하므로 투자를 중단해야 한다고 주장할 수 있다. 이 독자의 결정은 합리적인가? 그렇지 않다. 중단하면 손실이 더 커진다. 현재 중단하면 손실은 2억이고 계속하면 1억으로 감소한다. 그렇다면 여러분들은 어떻게 할 것인가? 분명히 손실이 감소하는 결정을 할 것이다. 즉, 계속 투자를 할 것이다. 이 경우는 본전을 생각하는 것이 아닌가 하는 의심이 들 것이다. 하지만 이 경우도 본전은 생각하지 않고 결정을 한 것이다. 현재 시점으로부터 추가되는 수입은 6억이고 추가되는 비용은 5억이다. 과거의 투자인 본전 2억은 생각하지 않고 현재부터 투자에 따른 결과를 보면 1억의 이익이 발생시킨다. 그렇기 때문에 계속 투자를 하는 것이다. 무슨 얘기인가? 현재 시점으로부터 이익이 발생하면 과거의 손실이 그만큼 상쇄되어 상대적으로 득을 보게 된다. 과거 2억의 손실이 현재부터 발생한 1억의 이익으로 상쇄되어 손실은 1억(=2억−1억)으로 감소된다. 만약 과거에 이익이 있었고, 추가이득이 발생한다면 이익은 그만큼 증가할 것이다. 과거의 손실, 즉 본전에 집착하면 손실을 감소시킬 수 있는 기회를 잃게 된다.

이와 같이 합리적인 결정(즉, 선택)은 과거는 잊고 앞으로 추가되는 비용과 수입만을 생각해야 된다. 추가되는 비용을 한계비용, 추가되는 수입을 한계수입, 추가되는 편익을 한계편익이라 한다. 추가되는 것에 대해 한계라는 형용사를 사용한다. 한계(限界)는 한자 뜻대로 해석하면 경계에 있다는 것을 의미하고, 경제학에서 한계의 의미는 그 경계로부터라는 의미이다. 그 경계란 우리들이 선택하고 결정하는 순간을 의미한다. 따라서 경제학에서 한계는 선택하고 결정하는 현재로부터 추가되는 것을 의미한다.

현재 이전의 과거에 소요된 비용을 매몰비용이라고 한다. 현재에 복구할 수 없게 매몰된 비용이기 때문이다. 매몰비용은 합리적인 선택에서 고려되는 기회비용이 아니다. 그것은 현재의 선택으로 포기된 것이 아니라 과거의 선택으로 포기된 것이기 때문이다. 합리적인 선택을 위해서는 항상 과거를 생각하지 말고 현재부터 발생하는 비용과 편익, 즉 한계비용과 한계편익을 고려해야 한다. 한계비용보다 한계편익이 크면 그것을 수행하고, 반대이면 수행하지 않는 것이 합리적인 선택이고 행동이다. 이와 같이 한계비용과 한계편익을 비교하여 선택과 행동을 하는 것을 한계원리라고 한다. 경제학에서 비용과 편익은 바로 한계비용과 한계편익을 의미한다. 한계수입은 한계편익의 한 형태이다. 사업가의 입장에서 얻는 편익은 수입이기 때문이다. 소비자 입장에서 편익은 소비에서 얻는 만족감, 즉 효용이기 때문에 한계효용도 한계편익의 한 형태이다.

앞의 예에서 처음에 사업 시행 여부를 고려할 때 예상수입 6억과 예상비용 4억을 비교하여 투자를 착수했다. 이때 수입과 비용은 총수입과 총비용이지 않는가? 물론 맞는 말이다. 따라서 비용-편익 분석은 총비용과 총편익을 비교하는 것이 아닌가라는 반문이 있을 수 있다. 그러나 자세히 살펴보면 그것은 한계비용과 한계수입을 의미한다. 초기에 사업시행 여부를 결정할 때, 그 시점부터 발생하는 수입과 비용이 각각 6억, 4억이다. 그 시점의 한계비용과 한계수입이 각각 6억과 4억인 것이다. 초기시점에서는 과거의 비용과 과거의 편익이 없기 때문에 총비용과 총수입이 한계비용과 한계수입과 일치하는 것이다. 결정요인은 총비용과 총수입이 아니라 한계비용과 한계수입이다. 따라서 비용-편익 분석은 실제로는 한계비용-한계편익 분석이다.

우리 인간들이 선택, 즉 결정에 직면하는 상황은 '총'이 아니라 '한계'적 상황이기 때문에 한계적인 분석이 타당하다는 점을 간략히 살펴보자. 여러분들이 쇼핑을 할 때 상황을 고려해 보자. 여러분의 집에 사과가 현재 10개 있다고 하자. 이때 사과 5개 구입으로 인한 편익이 비용보다 크다면 5개를 더 구입할 것이고 반대이면 더 구입하지 않을 것이다. 15개의 편익과 비용을 비교하여 5개를 더 구입할 것인지를 결정하지는 않는다.

이와 같이 우리는 항상 추가되는 양의 편익과 비용만을 고려해서 추가구입 여부를 결정하는 것이지 보유하고 있는 것까지 포함한 전체의 편익과 비용을 고려하여 결정하는 것이 아니다. 따라서 우리의 선택, 즉 결정에 직면하는 상황은 앞으로 추가되는 한계적 상황이므로 항상 한계적으로 평가하여 결정한다. 다시 말하면, 한계편익과 한계비용을 비교하는 한계원리에 입각하여 결정한다.

한계원리를 이용하면, 인간에게 더 큰 만족을 주는 물값이 다이아몬드 가격보다 싼 이유를 이해할 수 있다. 우리는 물의 최초 한 단위가 주는 만족감보다 추가되는 한 단위 만족감을 작게 느낀다. 이와 같이 재화를 추가적으로 소비함에 따라 추가적인 가치, 즉 한계효용(한계편익 또는 한계가치)은 계속 감소한다. 이것을 한계효용체감의 법칙이라 한다. 따라서 존재량이 많아짐에 따라 한계효용은 낮아진다. 물과 다이아몬드의 한계효용을 다음과 같이 표시할 수 있다.

[표 1-1] 물과 다이아몬드의 한계효용

| | 1 | 2 | 3 | 4 | 5 | 6 | 7 | 8 | 9 |
|---|---|---|---|---|---|---|---|---|---|
| 물 | 100 | 90 | 80 | 70 | 60 | 50 | 40 | 30 | 20 |
| 다이아몬드 | 45 | 40 | 35 | 30 | 25 | 20 | 15 | 10 | 5 |

각 단위에서 다이아몬드의 한계효용이 물보다 낮은 것은 다이아몬드를 직접 사용함으로써 얻는 만족감이 물보다 낮기 때문이다. 만약 물이 한 단위만 있다면 그 단위에 대한 효용이 100이므로 그 단위를 획득하기 위해 100을 지불하려고 한다.[2] 하지만 물이 9 단위 존재한다면 9번째 단위에 대해 20보다 더 많이 지불하려고 하지 않는다. 따라서 9 단위를 모두 팔기 위해서는 물 가격을 20보다 높게 부를 수 없다. 그

2 정확하게는 100보다 낮다. 만약 100을 지불하면 그 교환으로 얻는 득이 없기 때문이다. 설명의 편의상 100으로 표현한다. 이하에서도 동일하다.

결과 물 가격은 20이 된다. 이와 같이 가격은 한계효용에 의해 결정되고 한계효용은 존재량에 의해 결정된다. 현실에는 다이아몬드가 물보다 훨씬 적게 존재한다. 위의 표에서 나타내면 물이 9 단위라면 다이아몬드는 1 단위에 불과하다. 물의 한계효용은 20이고 다이아몬드의 한계효용은 45이다. 따라서 다이아몬드 가격이 물보다 높다. 그러나 사막에서는 물과 다이아몬드의 양이 비슷하거나 오히려 물의 양이 적다. 이런 경우 물의 한계효용이 훨씬 높기 때문에 물 값이 비싸다.

이상에서 본 바와 같이, 희소한 자원을 잘 이용하기 위해서 우리는 경제적 사고, 즉 '기회비용적 사고'와 '한계원리적 사고'에 입각하여 행동을 해야 한다. 명심하라!. "세상에 공짜는 없다!", "과거도 묻지 마라!"

이제 독자가 경제적 사고를 할 수 있는지를 알아보기 위해 한 가지 질문을 던져 보겠다. 독자가 택시 기사인데, 대구에서 역외인 경주로 대절을 갔다고 돌아오려고 한다. 그 때, 경주에서 대구에 가려는 한 손님이 대구 택시인 것을 보고 독자에게 대구까지 5,000원에 태워달라고 한다. 경주에서 대구까지 연료비는 10,000원이 소요된다. 독자는 어떻게 할 것인가? 태워줄까 아니면 그냥 올까?

수입이 비용보다 낮기 때문에 거절할 것이라고 생각할 수 있다. 그러나 이것은 잘못된 결정이다. 결정은 한계적으로 해야 한다. 손님을 태움으로써 추가되는 수입은 5,000원이지만 추가되는 비용은 10,000원이 아니라 거의 0이다. 연료비 10,000원은 손님의 승차 여부에 관계없는 것이다. 손님을 태우지 않고 오더라도 그 비용은 10,000원이기 때문이다. 이 비용은 손님 승차 여부에 관계없이 과거에 결정된 비용으로서 매몰비용이다. 손님을 태움으로써 추가되는 비용은 거의 없거나 있더라도 몇 백 원에 지나지 않는다. 따라서 한계수입이 한계비용을 초과하므로 손님을 태우는 것이 이득이 된다. 즉, 손님을 태우는 것이 현명한 결정인 것이다.

이와 같은 논리로 역외로 대절나간 택시가 돌아올 때, 아주 낮은 요금에도 승객을 탑승시키는 것이다. 택시 기사들은 '한계원리'라는 용어는 모르지만 그 원리를 실제에 적용시키고 있는 것이다. 이와 같은 한계원리의 적용사례는 천지에 널려 있다. 그럼에도 불구하고 이 원리를 실행하지 못하는 사람들도 많이 있다는 것 또한 사실이다. 한계원리를 실천하지 못하면 이득을 볼 기회를 놓친다는 점을 명심하자!

## 3강 개요

선택(의사결정) 시 직면하는 상황

총계적 상황 ×, 한계적 상황 ○ (추가적인 것만 고려)

↓

합리적 선택: 한계적 사고에 입각

<u>한계편익</u> <u>한계비용</u> 비교
(추가되는 편익) (추가되는 비용)

↓

과거 지출 비용: 매몰비용 ⇒ 한계비용 포함 ×

↓

본전: 과거 지출 비용: 매몰비용

↓

본전 고려: 비합리적 선택

# 제2장

# 교환은 어떻게 이루어지는가?

# 4강 시장경제에서는 누가 부자가 되는가?: 시장경제의 토대 및 소비자주권

1강에서 본 바와 같이, 우리는 희소성의 세계에 살고 있다. 자원과 그것으로 생산된 재화가 우리의 욕구에 비해 항상 부족한 세상에 살고 있다. 기술수준의 향상으로 아무리 많은 재화가 생산되어 욕구를 충족하더라도 희소성으로부터 벗어날 수 없다. 우리 인간들은 욕구가 충족되면 만족하지 않고 항상 새로운 욕구를 발생시키기 때문이다. 즉, 욕구가 무한하기 때문이다. 그러므로 우리는 희소한 자원을 가능한 한, 우리의 욕구가 잘 충족되도록 이용해야 한다. 즉, 소비자의 선호가 충족되도록 자원이 이용되어야 한다. 소비자가 선호하는 식으로 자원이 이용될 때, 즉 소비자가 더 선호하는 재화는 많이 생산되고 덜 선호하는 재화는 적게 생산되도록 자원이 이용될 때 자원은 효율적으로 이용된다고 한다. 이런 식으로 생산이 될 때, 소비자주권이 실현된다고 한다. 왜냐하면, 생산이 생산자의 의도가 아니라 소비자의 의도대로 이루어진다는 의미에서 소비자가 생산 결정에 대한 주권을 갖고 있기 때문이다. 소비자주권이 실현되기 위해서는, 소비자의 선호를 잘 충족시키는 생산자는 이득을 얻도록 하고 그렇지 못한 생산자는 손실을 피할 수 없도록 되어야 할 것이다.

시장경제에서는 소비자들이 상대적으로 더 선호하는 재화는 많이 생산되고 덜 선호하는 재화는 적게 생산되는 경향이 있다. 이런 경향 때문에, 시장경제를 소비자주권이 실현되는 체제라고도 한다. 그 실현 과정을 살펴보자.

시장경제의 토대는 사유재산권이고, 특징은 상품생산이 지배적이다. 각 개인은 자신의 신체뿐 아니라 토지와 자본재 등의 생산요소와 소비재에 대한 사유재산권을 가지고 있다. 사유재산권이란 개인이 재산(신체와 자원 및 재화)을 소유하고 그것을 자유의사에 따라 사용과 처분 및 획득할 수 있는 권리이다. 사유재산권은 배제권과 양도권으로 구성되어 있다. 배제권은 재산의 사용과 그로부터 발생하는 수익에 대해 타인을 배제하고 소유자가 전유(專有), 즉 혼자 차지할 수 있는 권리이다. 즉, 배제권은 사용권과 수익권으로 구성된다. 타인은 주인의 허락 없이 사용할 수 없고, 만약 허락 없이 사용할 경우에 그에 따른 처벌을 받는다. 양도권은 배제권(협의의 소유권)을 타인에게 양도할 수 있는 권리이다. 어떤 조건으로 타인에게 배제권을 일정기간 양도하는 것이 임대차이고, 타인에게 완전히 양도하는 것이 매매이다. 물론 매매의 경우, 양도권도 양도되는 것이다. 신체 그 자체에 대한 매매는 허용되지 않는다. 다만 신체가 제공하는 노동서비스에 대해서는 자유로운 거래가 허용된다. 노동의 강제적인 거래는 허용되지 않는다. 원하지 않는 임금수준에서 협박·폭력 등의 강제력을 동원하여 노동서비스를 강요하는 것은 강제적 거래이다. 강제적 거래의 대표적인 예가 노예제이다.[1] 물론 노예제하에서는 노예주가 노예를 자신의 재산처럼 거래하므로 신체의 거래도 이루어진다.

1 최근 일부 섬의 염전에서 일하는 근로자들도 협박·폭력 하에 노동을 강요당하고 있으므로 노예와 다를 바 없다. 이런 점에서 그들에 대한 노동착취는 문제가 된다.

그렇다면 시장경제의 토대인 사유재산권은 경제적으로 어떤 역할을 하는가?

먼저 '배제권'의 역할을 살펴보자. 어떤 것의 역할을 살펴보는 가장 좋은 방법은 그것이 없다면 어떤 일이 발생하는가를 살펴보는 것이다. 즉, 배제권의 역할은 배제권 부재 시 어떤 일이 발생하는지를 살펴봄으로써 잘 파악된다. 배제권이 없는 경우가 공유상태이다. 공유상태에서는 어느 누구라도 타인의 허락 없이 자원을 사용하여 수익을 얻을 수 있다. 공유상태에서 어떤 일이 발생하는지를 공유어장의 예를 통해 살펴보자. 공유어장에서는 누구나 고기를 잡을 수 있다. 만약 여러분이 고기를 잡는다면 얼마나 잡으려고 할까? 아마도 할 수 있는 방법을 다 동원하여 모조리 다 잡고 싶을 것이다. 어린 것(치어)들, 심지어 산란기에 있는 것까지 다 잡으려고 할 것이다. 왜냐하면, 나중에 어린 것이 자라서 성어가 된 것이나 산란 후 많아진 물고기에 대해서 당신의 것이 될 수 있다는 보장이 없기 때문이다. 그 결과 물고기는 멸종될 것이다. 반면에 공유어장이 아니라 사유화가 되면 여러분은 분명 치어나 산란기에 있는 고기를 잡지 않을 것이다. 이와 같이 공유가 되면 노동과 자원 등의 생산요소와 재화가 비효율적으로 이용된다. 즉, 자원이 고갈될 것이다.[2] 반면 사유가 되면 효율적으로 이용되는 것이다. 그러므로 다음과 같은 결론을 내릴 수 있다. 배제권은 소유자가 노동과 자원 등의 생산요소와 재화를 효율적으로 이용하도록 하는 역할을 한다. 회사 컴퓨터와 집의 컴퓨터, 세든 집과 자기 집, 렌터카와 자기차 등에 대한 관리와 사용을 생각해보라. 주인의 역할이 무엇인지를 잘 알 수 있을 것이다. 무주공산에서는 자원이 비효율적으로 이용된다. 이것이 공기업과 토지공개념의 근본적인 문제점이다.

---

2 이런 현상을 '공유지의 비극'이라고 한다.

이제 '양도권'의 역할을 살펴보자. 어느 지역에 농토가 있고, A와 B 두 사람이 존재하고 있다. 그 농토를 이용해 쌀농사를 할 때, A가 경작하면 100가마를 수확할 수 있고, B가 경작하면 120가마를 수확할 수 있다고 하자. A와 B는 농사를 짓지 않으면 아무것도 수확할 수 없다고 하자. 그러면 누가 이 농토를 이용하는 것이 사회적으로 효율적인가? 물론 B일 것이다. 그런데 현재 그 농토의 소유자가 A이다. 만약 양도권이 없다면 B가 그 농토를 이용할 수 없다. 그러나 양도권이 있다면 어떻게 될 것인가? 임대차를 통해 살펴보자. 단순화를 위해 여가의 가치는 없다고 가정하기로 한다. A는 임대소득으로서 최소한 100가마보다 약간 더 높게 요구할 것이다. 그보다 적게 받으면 자신이 농사를 짓는 것에 비해 이득이 없기 때문이다. 그러면 B는 얼마까지 임대료를 지급하려 할 것인가? 120가마보다 약간 적은 119.9가마가 될 것이다. 119.9가마를 지급하더라도 임대를 하지 않을 경우보다 0.1가마를 더 얻을 수 있기 때문이다. 그러므로 그들 간 협상의 여지(100.1~119.9 가마)가 발생한다. 협상에 의해 임대료는 그 여지 이내로 결정되고 B가 그 농토를 이용할 수 있다. 이와 같이 양도권이 있음으로써 그 노동과 자원 및 재화를 가장 효율적인 이용자가 이용할 수 있다. 그러므로 다음과 같은 결론을 도출할 수 있다. 양도권은 효율적인 자가 노동과 자원 및 재화를 이용하도록 하는 역할을 한다.

이상으로부터 사유재산권은 노동과 자원 등의 생산요소와 재화를 효율적으로 이용하게 하는 유인을 제공하는 경제적 역할을 한다는 결론이 도출되는 것이다. 사유재산권은 재산을 자유의사에 따라 관리·사용·처분할 수 있는 권리이므로, 생산의 자유와 교환의 자유를 보장하는 것이다. 따라서 사유재산권의 보장, 즉 생산과 교환의 자유는 노동과 자원 등의 생산요소와 재화를 효율적으로 이용하게 하는 전제조건인 것이다.

한편 상품이란 자가소비를 목적으로 생산한 것이 아니라 타인에게 판매할 목적으로 생산한 것이다. 상품을 만드는 궁극적인 목적은 그것을 판매하여 소비할 품목들을 구입하기 위한 (화폐)소득을 획득하는 것이다. 이런 점에서 우리 모두는 소비자인 동시에 생산자이다. 생산자는 소득을 획득하기 위해서는 다른 생산자에 비해 양질의 상품이나 저렴한 상품을 제공해야만 한다. 왜냐하면 소비자들이 그런 상품들을 선호하기 때문이다. 만약 이러한 소비자의 선호를 충족하지 못하면 결코 그는 소득을 획득할 수 없다. 그러므로 생산자는 소비자의 선호를 잘 충족할 경우에만 이윤을 획득할 수 있고 그렇지 못한 경우 손실과 도산이라는 결과를 초래하게 된다.

이와 같이 사유재산권을 토대로 하고 상품생산이 특징인 시장경제에서는 생산이 소비자의 선호에 부응하도록 이루어지므로 시장경제는 소비자주권이 실현되는 체제이다.

방금 언급한 것처럼, 상품생산이 지배적인 시장경제에서는 생산자는 소비자의 선호를 잘 충족할 경우에만 이윤을 획득할 수 있고, 그렇지 못한 경우 손실과 도산이라는 처벌을 받는다. 따라서 연예인만 대중의 사랑을 먹고 사는 것이 아니라 모든 생산자, 즉 우리 모두가 대중의 사랑을 먹고 사는 것이다. 그래서 시장경제에서는 소비자가 주권자이고 왕이라는 표현이 등장한다. 우리는 흔히 어떤 그룹의 회장을 왕회장이라고 하는데, 그의 그룹이 소비자의 선호를 실현시키지 못하면 그는 하루아침에 거지나 파산자가 된다. 그들이 왕이 아니라 소비자가 왕인 것이다. 이런 점에서 시장경제에서 이윤은 소비자를 착취한 것이 아니라 소비자에게 양질의 상품이나 저렴한 상품을 봉사한 대가라는 것도 알 수 있다.

방금 소비자들이 선호하는 상품을 생산하는 기업들은 이윤을 얻게 된다는 것을 보았다. 이런 기업들이 이윤을 얻게 되면, 그 기업들은 더 많은 이윤을 얻기 위해 생산을 증가시키려 하며, 동시에 다른 기업들도 그 제품을 생산하려고 한다. 생산을 증가시키기 위해서는 더 많은 노동과 자원들이 그 부문에 투입되어야 한다. 즉, 그 부문에서 생산요소의 수요가 증가하여 그 부문에 투입되었거나 투입될 노동과 자원들의 가격(즉, 임금과 자원의 임대료)이 상승한다. 그 결과 그 부문에 투입될 노동자나 자원 소유자의 소득이 증가한다. 마찬가지로 기업들이 소비자가 선호하지 않은 상품을 생산하면 그 기업은 손실을 보고 요소수요가 감소하므로 그 부문에 투입되는 노동자나 자원 소유자의 소득은 감소한다. 심지어 그 기업이 도산하면 노동자나 자원 소유자도 소득을 획득할 수 없다.

이와 같이 시장경제에서는 소비자가 선호하는 상품을 생산하는 데 종사하는 기업의 주주, 근로자, 자원의 소유자들이 부자가 될 수 있다. 그들은 소비자가 선호하는 양질의 상품이나 저렴한 상품을 제공함으로써 부자가 되는 것이다. 따라서 시장경제에서는 개개인들이 자신들이 원하는 것을 더 많이 할 수 있는 부자가 되기 위해서, 소비자들, 즉 타인들이 선호하는 다양하고 품질이 좋고 값싼 제품을 생산하려고 노력한다. 그 결과 시장경제에서는 구성원 간의 갈등이 해결되면서 조화로운 질서가 구축되고, 우리 모두는 이전에 비해 더 나은 삶을 누리게 된다.

따라서 외관상 자본주의 시장경제라 할지라도 소비자의 욕구를 충족시킨 대가가 아닌 다른 방법으로 부자가 될 수 있는 사회는 진정한 자본주의 시장경제가 아니다.

자본주의 시장경제가 이런 효과를 가져 온 반면 사회주의 국가들은 빈곤에 허덕이게 되었다. 1980년대부터 사회주의 국가들도 인민들을 빈곤에서 벗어나도록 시장경제를 채택하기 시작했다. 우리가 그 과정을 살펴보면, 시장경제의 토대가 단순히 시장이 아니라 사유재산권이라는 점이 다시 부각된다. 이런 점을 극명하게 보여주었던 중국과 소련(구 러시아)의 시장경제 도입을 검토해 보자.

중국에서는 덩샤오핑(鄧小平: 등소평) 주석이 사유재산권에 준하는 재산권을 토대로 시장경제를 도입하였다. 당시 중국의 농장은 집단농장으로서 공동생산 · 공동분배가 이루어지고 있었다. 이런 제도 하에서는 농장에 소속된 농민들은 열심히 일할 유인이 거의 없었다. 자신이 열심히 하여 농작물의 수확이 증가하더라도 공동생산 · 공동분배 하에서는 그 증가분을 모두 자신의 것으로 분배받지 못하기 때문이다. 이로 인해 중국 농장의 생산성은 매우 낮았고 많은 국민들이 기근에 허덕이게 되었다. 덩샤오핑은 이런 저생산성이 공동생산 · 공동분배라는 재산권제도에 기인한다고 판단하였다. 특히 사용권과 수익권으로 구성되는 배제권이 부재하기 때문이라고 판단했다. 그는 농업생산성을 향상시키기 위해 집단농장을 농민들에게 나누어 주면서 사용료 형태로 일정한 조세만 내고 수확물 전부를 각 농민들이 소유하도록 하였다. 즉, 사용권과 수익권으로 구성된 배제권을 부여하였다. 다만 농지를 부여받은 농민들은 그 농토를 다른 농민에게 판매나 임대할 수 없고, 농사를 하지 않을 경우 국가에 반납해야 한다. 즉, 양도권은 부여되지 않았다. 이런 점에서 사유재산권과는 약간의 차이가 있었다.[3] 그러나 배재권이 부여됨으로써 이제 농민들은 더 열심히 일을 하게 되었다. 수확물을 공동분배하던 이전과 달리 자신들이 수확물을 모두 획득할 수 있기 때문이다. 그 결과 농민들은 자가 소비량을 초과한 엄청난 생산성을 달성하였고 이에 따라 비농민들도 그들로부터 식량을 구입할 수 있게 됨으로써 전 국민이 기근으로부터 벗어나게 되었다. 나아가 생산력의 향상으로 농가의 가구원 중 일부만 농사에 종사하더라도 최대생산량이 달성 가능하였다. 그 결과 농업부문에서 잉여 노동력이 발생하여 그들이 도시의 공장근로자가 됨으로써 중국의 공업도 더욱 발전하게 되었다. 이와 같이 중국은 사유재산권을 토대로 하여 시장경제를 도입함으로써 지속적인 성장을 하고 있다.

한편, 소련(구 러시아)은 초기에 생산수단에 대한 사유재산권을 도입하지 않고 시장경제를 도입하였다. 즉, 시장거래만 허용한 것이다. 이전까지 생필품들은 국가에서 배급을 하였다. 생필품도 많이 부족한 상태였다. 소련은 세계 지배에 대한 야욕으로 생필품보다 군수물품을 많이 생산하였기 때문이다. 이런 상황에서 시장경제를 도입하면서 생필품은 배급제에서 시장거래로 바뀌었다. 생필품의 부족으로 가격이 급등하였다. 가격이 급등하면 사유재산권을 바탕으로 한 시장경제에서는 다음과 같이 전개된다. 가격 상승으로 수익률이 높아지게 됨에 따라

3 사회주의국가에서도 소비재에 대한 사유재산권은 존재한다. 다만 토지, 기계 등 자본재 즉 생산수단에 대한 사유재산권이 없다. 특히 노동에 대한 사유재산권도 실제로 없다. 정부가 명령하는 곳에서 일을 해야 한다. 직업 선택의 자유가 없다. 노동자를 위한 국가를 표방하는 사회주의국가에서 직업 선택의 자유가 없다는 점은 아이러니컬하다. 현재 중국은 생산수단에 대한 양도권도 많이 허용하고 있다.

기존 생산기업들은 생산을 증가시키고 다른 생산물을 생산하던 기업들이 해당 재화의 생산으로 전환하게 된다. 그 결과 공급이 증가하면서 수요와 일치하도록 가격은 다시 하락하게 된다. 이런 과정으로 소비자들의 욕구에 비해 부족한 생필품들이 소비자의 선호를 충족되도록 생산이 이루어진다. 위에서 이런 상황을 "소비자주권이 실현된다"고 했다. 하지만 생산수단에 대한 사유권이 부여되지 않은 소련에서는 다음과 같이 소비자주권이 실현되지 않았다. 가격이 상승하여 수익률이 상승하더라도 해당 기업들은 생산을 증가시키지 않는다. 생산을 증가시켜 더 많은 이윤을 획득하더라도 그 이윤이 기업의 간부나 근로자에게 돌아가지 않기 때문이다. 따라서 가격이 상승하더라도 생산량이 증가하지 않으므로 생필품들의 가격만 상승하고 소비자들이 원하는 만큼 생산되지 않는다. 이런 결과로 소련 국민들은 시장경제에 대해 부정적인 시각을 갖게 되었다. 하지만 그런 최악의 결과를 초래한 것은 시장경제 때문이 아니라 가짜 시장경제를 도입하였기 때문이다. 즉, 사유재산권이 토대가 된 진정한 시장경제를 도입하지 않았기 때문에 시장경제의 성과를 거두지 못한 것이다. 그 이후 소련, 즉 러시아는 이런 점을 깨닫고 생산수단에 대한 사유재산권도 도입하여 지속적인 성장을 하고 있다.

이상의 중국과 소련의 시장경제의 도입과정에서 나타난 결과를 통해서, 우리는 시장경제의 토대는 시장 그 자체가 아니라 사유재산권이라는 것을 알 수 있다. 사유재산권이 없는 시장경제는 오히려 다른 경제보다 더 나쁜 결과를 초래하는 것이다.

## 4강 개요

자본주의 시장경제

토대: 사유재산권

특징: 상품생산 지배적임

↓

사유재산권의 경제적 역할:
효율적인 자원배분

배제권:
소유자 효율적인 자원이용 유도

양도권:
가장 효율적인 자 이용 가능

상품: 타인에게 팔기 위해 생산하는 재화

⇒ 부자되는 법: 소비자 욕구충족 재화 생산
(저렴 · 양질 재화)

⇒ 부자: 소비자 착취 ×
소비자 선호하는 것 제공한 대가 ○

참고) 근로자 높은 소득 획득방법:
소비자 욕구충족 재화 생산에 참여
∵ 이윤↑ ⇒ 생산↑ ⇒ 노동수요↑ ⇒ 임금↑

↓

자본주의 시장경제

소비자주권 실현: 소비자의 선호에 따라 재화 생산,
효율적인 자원배분

# 5강 우리는 왜 자급자족을 하지 않을까?: 분업, 비교우위

인간이 지구상에 나타난 태초에는 필요한 모든 재화를 자기 스스로 생산하고 소비하는 자급자족에 의해 생활하였다. 그러다 점차 자급자족적인 생활을 하지 않고 많은 것들을 타인에 의존하고 있다. 현재 우리들은 가족들이 생산에 참여한 재화를 소비하는 것은 하나 둘 혹은 거의 없다. 이와 같이 각자는 각 부문에 특화하여 분업[1](전문화)에 종사하고 있다. 그렇게 하는 이유가 무엇일까?

여러분들이 책상을 직접 만들지 않고 타인들이 만든 것을 구입하는 이유가 무엇인가? 자신이 생산하여 소비하는 것보다 타인이 생산한

1 분업은 두 가지의 형태로 나눌 수 있다. 하나는 기술적 분업이고 다른 하나는 사회적 분업이다. '기술적 분업'은 한 제품의 생산을 위해 여러 공정과정으로 분할하여 각 공정별로 작업을 나누어 전문화를 하면 훨씬 더 생산성을 올릴 수 있는 경우를 말한다. 아담 스미스(A. Smith)의 『국부론』에서 예를 든 핀 공장의 사례가 유명하다. 물론 이것은 여러 공정과정을 결합하는 협업의 형태를 가진다. '사회적 분업'은 하나의 생산부문이 개인 또는 개인집단에 의하여 전문화되는 것을 말한다. 예를 들면, 직업의 분화라든지, 남녀가 각자 자신에 적합한 생산을 담당하는 성적(性的) 분업이라든가, 원료의 산지나 상품시장에 근접하여 일정한 특산품의 생산이 집중적으로 행하여지는 지역적 분업 등이다.

것을 구입하는 것이 싸기 때문이다. 왜냐하면 사람들마다 각 재화에 대한 생산성에 차이가 있기 때문이다. 생산성의 차이가 나는 이유는 인적능력과 자원의 분포가 다르기 때문이다. 따라서 사람마다 각기 잘하고 값싸게 생산하는 분야가 있다.

여기서 생산성이 높다는 것은 같은 요소투입으로 더 많은 것을 생산하는 것이고, 다른 식으로 표현하면 같은 양을 생산하는 데 요소투입이 적으므로 비용이 낮은 것이다. 따라서 각자가 생산성이 높은 분야에 특화 즉 분업화하여 생산하면 비용이 극소화되므로 서로 낮은 가격으로 교환할 수 있다.

이와 같은 이유로 우리는 자급자족을 하지 않고 많은 소비재들을 타인들에게 의존한다. 그래서 우리들은 다양한 직업을 갖고 있다. 우리들 각자는 생산성이 높은 분야에 특화하여 생산에 종사하고 그 결과물인 재화들을 서로 교환한다. 현재는 물론 물물교환경제가 아니므로 재화들을 직접 교환하지 않고, 각 생산 분야에서 얻은 화폐소득을 가지고 타인이 생산한 재화를 구입한다. 화폐가 개입되더라도 교환의 본질은 같다. 교환에 대한 조건과 정도는 다음 강에서 다시 상세히 설명한다.

또한 이런 분업으로 생산성이 높아지기 때문에 주어진 자원으로 사회는 모든 재화를 더 많이 생산할 수 있게 된다. 따라서 분업화가 촉진됨에 따라 우리는 옛날에 비해 훨씬 더 풍요롭게 되었다. 더욱이 분업으로 각자는 각 분야에서 전문화가 이루어짐으로써 생산성은 더욱 더 높아지고 있다.

한편 이런 의문을 제기하는 경우도 있다. 어떤 사람이 모든 분야에 뛰어나면 자급자족할 것이 아닌가? 그런 경우에도 과연 자급자족하는 것이 더 좋은지를 다음과 같은 예를 통해 살펴보자.

[표 5-1] 두 사람의 시간당 수입액 비교 (단위: 원)

| 구 분 | 변호 수입액 | 워드작업 수입액 |
|---|---|---|
| 철수 | 100만 | 10만 |
| 영희 | 0 | 5만 |

변호사인 철수는 변호를 함으로써 시간당 100만원을 벌 수 있고, 워드작업을 함으로써 시간당 10만원을 벌 수 있다. 반면 변호사가 아닌 영희는 변호로써는 돈을 벌 수 없고, 워드작업을 함으로써 시간당 5만원을 벌 수 있다. 왜냐하면 철수가 변호준비를 위해 워드작업을 한다면 1시간이 소요되고, 영희가 하면 2시간이 소요되기 때문이다. 이것은 철수의 변호에 대한 생산성이 영희에 비해 당연히 높을 뿐만 아니라. 워드작업에 있어서도 철수의 생산성이 영희에 비해 2배라는 것을 의미한다. 이와 같이 변호사인 철수가 변호뿐만 아니라 워드작업에서도 영희보다 뛰어난 능력을 가지고 있을 경우에, 자신이 직접 워드작업으로 서류를 작성하는 것과 자신보다 열등한 영희에게 의뢰하는 것 중 어느 것이 철수에게 이득이 될까?

철수가 변호준비를 위해 워드작업을 하는 시간, 즉 1시간 동안 변호를 했더라면 그가 획득할 소득은 100만원이다. 반면 그가 워드작업을 영희에게 의뢰할 경우 지급해야 할 금액은 얼마인가? 10만원이다. 왜냐하면 영희는 그 작업을 하기 위해 2시간이 소요되기 때문이다. 철수가 직접 워드작업을 하면 영희에게 지급할 10만원을 절감할 수 있지만 대신 100만원을 벌 수 있는 기회를 잃게 된다. 실제적으로는 90만원의 손실을 겪게 된다. 역으로 말하면, 영희에게 워드작업을 의뢰하면

10만원은 지출되지만 그 대신 변호로 100만원을 획득하므로 90만원의 이득을 보게 된다. 따라서 변호사인 철수는 자신보다 생산성이 떨어진 영희에게 워드작업을 의뢰한다. 물론 철수가 워드작업을 통해 획득하는 정신적 만족이 그 시간에 획득하는 소득보다 더 큰 만족을 얻을 경우 그 자신이 직접 워드작업을 할 것이다. 그런 특별한 경우를 제외하고는 모든 부문에 우월한 철수도 모든 부문에 열등한 영희와 협력하는 것이 더 나은 결과를 초래한다. 다시 말하면, 모든 부문에 우월한 사람과 모든 부문에 열등한 사람이 서로 협력하는 것이 모두에게 이득이 된다.

그러면 어떻게 협력을 할 것인가? 즉, 누가 무엇을 할 것인가? 상기 예에서 철수가 시간당 변호를 위해 포기되는 금액은 10만원이고, 시간당 워드작업을 위해 포기되는 금액은 100만원이다. 즉, 철수의 경우, 변호의 시간당 기회비용이 10만원이고 워드작업의 시간당 기회비용이 100만원이다. 영희는 시간당 변호를 위해 포기되는 금액은 5만원이고, 시간당 워드작업을 위해 포기되는 금액은 0원이다. 즉, 영희의 경우, 변호의 시간당 기회비용이 5만원이고 워드작업의 시간당 기회비용이 0원이다. 변호사인 철수는 기회비용이 낮은 변호업무를, 영희도 기회비용이 낮은 워드작업을 하여 협력함으로써 모두 다 이득을 보았다. 따라서 각자가 기회비용이 상대적으로 낮은 분야에 서로 특화하여 교환함으로써 서로 이득이 된다는 것을 알 수 있다.

이것을 비교우위의 원리라고 하는데 그 이유는 다음과 같다. 앞의 예에서 철수는 변호와 워드작업에서 모두 다 영희에 비해 우월한 능력을 갖고 있다. 여기에서 우월한 능력을 갖는다는 것은 똑같은 시간과 노력 혹은 노동으로 더 많은 생산 혹은 효과를 거둘 수 있다는 것을 의미한다. 이런 경우 생산성(즉, 생산능력)이 높다고 하며, 경제학자들은 이것을 절대우위(absolute advantage)가 있다고 한다. 생산성이 낮을 경우 절대열위에 있다고 한다. 그러므로 철수는 변호와 워드작업 두 부문 모두 절대우위자인 반면 영희는 두 부문 모두 절대열위자이다.

철수의 경우 변호의 기회비용은 워드작업의 기회비용보다 낮다. 영희의 경우 워드작업의 기회비용이 변호의 기회비용보다 낮다. 이와 같이 어느 부문이 상대적으로 기회비용이 낮은 것을 비교우위(comparative advantage)에 있다고 한다. 따라서 철수는 변호와 워드작업 모두 절대우위자이지만 변호에만 비교우위를 갖고 있고 워드작업에는 비교열위를 갖고 있다. 영희는 변호와 워드작업 모두 절대열위자이지만 변호에는 비교열위를 갖고 있고 워드작업에는 비교우위를 갖고 있다.

[표 5-2] 절대우위와 비교우위

| 구 분 | 변호 | 워드작업 |
|---|---|---|
| 철수 | 절대우위, 비교우위 | 절대우위, 비교열위 |
| 영희 | 절대열위, 비교열위 | 절대열위, 비교우위 |

모든 부문에 절대우위자이든 절대열위자이든 관계없이 어느 누구도 반드시 비교우위 분야가 있다. 이와 같이 모든 분야의 절대열위자도 반드시 어느 부문에 비교우위를 지니고, 모든 분야의 절대우위자도 반드시 한 부문을 제외한 여타 부문들에 비교열위를 지니고 있으므로, 비교우위에 있는 부문에 각자가 종사하는 협력적인 분업체제를 이룬다는 것이 리카도(D. Ricardo)의 비교우위원리이다. 기회비용을 상대적으로 비교하여 생산이 이루어진다는 의미를 강조하기 위해 비교우위라는 용어를 사용하는 것이다. 생산은 생산성에 입각하여 이루어지는 것이 아니라 기회비용에 입각하여 이루어지는 것이다.

따라서 리카도의 비교우위론에 입각하면, 모든 면에 절대우위 또는 절대열위가 있더라도 비교우위가 반드시 발생하므로, 자급자족을 하는 것보다 비교우위가 있는 부문에 특화 및 분업으로 생산하여 서로 교환하는 것이 사회전체에 이득이 된다. 물론 서두에서 언급한 것처럼 일반적으로 인적능력과 자원분포가 다르기 때문에 사람들마다 각 재화에 대한 생산성이 차이가 나기 때문에 모든 부문에 절대우위가 있는 것이 아니라 특정부문에 절대우위가 있다. 이런 경우 절대우위가 있는 부문이 바로 비교우위가 있는 것이다. 따라서 각자가 절대우위를 갖는 부문에 특화 및 분업으로 생산하여 서로 교환하는 것이 사회전체에 이득이 된다. 이런 경우 각 부문에 생산성이 높은 사람이 생산하기 때문에 자급자족할 때에 비해 재화의 가격이 낮다. 반면, 위의 예에서 본 것처럼, 모든 부문의 절대우위자와 모든 부문의 절대열위자가 각자 비교우위를 갖는 부문에 특화하여 생산할 경우, 절대열위자가 생산한 재화는 절대우위자가 생산할 때보다 비싸다. 하지만 절대우위자는 비교우위에 있는 부문에 전념하여 얻는 소득으로 그 비싼 재화를 사는 것이 오히려 이득이다.

이상에서 본 바와 같이, 리카도의 비교우위론은 다음과 같이 두 가지 시사점을 제시한다. 첫째, 일반적으로 사람들마다 각 부문의 생산성에 차이가 있으므로 각자가 절대우위성을 갖는 비교우위 부문에 특화함으로써, 그들이 서로 구입하는 재화의 가격은 싸진다. 둘째, 모든 부문의 절대우위자와 모든 부문의 절대열위자가 비교우위의 부문에 특화할 경우, 절대우위자는 절대열위자가 생산한 재화의 가격이 자신이 생산할 때보다 비싸지만 자신의 비교우위부문에 전념하는 것이 오히려 이득이 된다.

비교우위원리를 국가 간에 적용한 것이 국제 분업화를 통한 자유무역이다. 따라서 각국은 비교우위에 있는 부문에 특화하여 서로 자유롭게 수출 및 수입을 한다. 특히, 위의 둘째 시사점은 모든 부문에 절대우위를 갖는 선진국과 모든 부문에 절대열위를 갖는 후진국 간에 무역이 이루어지는 이유를 제시하고 있다.

## 5강 개요

과거: 자급자족 → 현재: 타인 생산 의존

↓

타인 생산 의존 이유

타인 생산물 구입비용 < 자신 생산비용

↑

비교우위원리

각자 비교우위부문(기회비용 낮은 부문) 생산
→ 비용 하락

↓

분업화 · 전문화

↓

교환: 더 많은 것 획득

↓

비교우위원리에 입각한 국제교역

자유무역

# 6강 잉여가 있을 때만 교환이 발생되는가?: 교환의 조건과 정도

일상생활 속에서 우리는 의식주 문제를 해결하기 위하여 매일매일 필요한 식재료나 옷가지 등을 재래시장이나 마트 등지에서 구입하여 소비하고 있다. 필요한 재화들은 거의 모두 시장을 통한 교환에 의해 충당하고 있다. 따라서 시장에서의 교환이 없다면 우리의 일상은 너무나 어렵고 힘들 것이다. 교환이 없는 세상은 상상할 수가 없다. 아무리 외진 깊은 산속에 살더라도 인접 시장에서의 교환을 통한 세상과의 소통은 항상 존재하는 것이다.

그런데, 우리들은 이러한 교환이 발생하는 이유로 대개 어떤 재화를 너무 많이 소유하고 있어, 즉 잉여가 존재하기 때문에 교환이 발생한다고 생각한다. 과연 그럴까?

만약 잉여가 존재하지 않더라도 교환이 발생한다면 교환의 전제조건은 잉여가 될 수 없다. 잉여가 존재하지 않는 상황에서 과연 교환이 발생하지 않는지를 가상의 예를 통해 검토해 보자.

배추밭 주인이 자가소비용으로 10포기를 남겨 두고 나머지를 모두 팔았다고 하고, 순이네는 현재 배추를 보유하고 있지 않다고 하자.

그리고 배추 1포기에 대한 배추밭 주인의 한계효용과 그로부터 배추를 구입하려는 이웃의 순이네 한계효용이 3강에서 언급한 한계효용체감의 법칙에 따라 다음의 [표 6-1]과 같다고 하자.

[표 6-1] 거래당사자 간의 한계효용표 (단위: 원)

| 배추포기 수 | 배추밭주인의 한계효용 | 순이네 한계효용(A) | 순이네 한계효용(B) |
|---|---|---|---|
| 1 | 3,000 | 2,500 | 2,000 |
| 2 | 2,900 | 2,400 | 1,900 |
| 3 | 2,800 | 2,300 | 1,800 |
| 4 | 2,700 | 2,200 | 1,700 |
| 5 | 2,600 | 2,100 | 1,600 |
| 6 | 2,500 | 2,000 | 1,500 |
| 7 | 2,400 | 1,900 | 1,400 |
| 8 | 2,300 | 1,800 | 1,300 |
| 9 | 2,200 | 1,700 | 1,200 |
| 10 | 2,100 | 1,600 | 1,100 |

배추밭 주인은 자가소비를 위해 남겨둔 10포기 중 마지막 한 포기에 대해 2,100원으로 평가하므로, 순이네가 최소한 2,100원 이상을 제시하면 그는 팔려고 할 것이다. 만약 2,100원보다 낮게 제시하면 팔지 않을 것이다.

만약 순이네 한계효용이 [표 6-1]의 (A)와 같다면, 순이네는 첫 번째 배추에 대해 2,500원으로 평가하므로 최초 1포기 구입을 위해 최대 2,500원까지 제시할 것이다. 따라서 그들 간에는 교환이 발생한다. 가격은 협상을 통해 2,100원~2,500원 사이에 결정될 것이다.

만약 순이네의 한계효용이 [표 6-1]의 (B)와 같다면, 순이네는 첫 번째 배추에 대해 2,000원으로 평가하므로 최초 1포기 구입을 위해

2,000원까지 제시할 것이다. 따라서 그들 간에는 교환이 발생하지 않는다.

이와 같이 동일한 재화에 대해 구매자가 판매자보다 높게 평가하면 교환이 발생한다. 재화의 평가는 한계효용에 의해 이루어지므로 구매자의 한계효용이 판매자의 한계효용보다 높을 때 교환이 발생한다. 그러므로 교환의 전제조건은 잉여가 아니라 구매자의 한계효용이 판매자보다 높아야 한다는 것이다.

그러면 교환은 어느 정도까지 이루어질까?

이를 파악하기 위해, 순이네 한계효용이 [표 6-1]의 (A)일 때 더 많은 교환이 이루어지는 과정을 살펴보자. 배추밭 주인은 이제 9포기를 갖고 있는데, 9번째 배추에 대해 2,200원의 가치가 있다고 생각하고 있으므로 최소한 2,200원만 받으면 9번째의 배추도 팔려고 할 것이다. 한편 순이네는 2번째 배추에 대해 2,400원의 가치가 있다고 생각하고 있으므로 한 포기 더 구입하기 위해 최고한도로 2,400원을 지불할 용의가 있다. 따라서 교환이 발생하고 가격은 협상에 의해 2,200원과 2,400원 사이가 된다. 이제 배추밭 주인에게는 8포기가 남아 있는데 8번째 배추에 대해 2,300원의 가치가 있다고 생각하고 있으므로, 최소한 2,300원만 받으면 8번째 배추도 팔 것이다. 순이네는 3번째 배추에 대해 2,300원의 가치가 있다고 생각하므로 배추 한 포기를 더 구입하기 위해 최고한도로 2,300원을 지불할 용의가 있다. 따라서 3번째 배추의 교환으로는 당사자 간에 조금도 이득을 얻지 못하므로 교환을 하지 않을 것이다.

따라서 구매자의 한계효용이 판매자보다 큰 경우에는 교환은 계속 발생한다. 다시 말하면 구매자의 한계효용과 판매자의 한계효용이 같

아지기 직전까지 교환은 계속 이루어진다.[1]

이상에서 본 바와 같이, 교환의 조건은 잉여가 아니라 구매자의 한계효용이 판매자의 한계효용보다 높은 것이고, 교환은 구매자의 한계효용과 판매자의 한계효용이 같아지기 직전까지 계속 발생한다.

1 대부분의 교과서에서는 당사자 간의 한계효용이 같아질 때까지 교환이 이루어진다고 되어 있다. 그러나 위에서 본 바와 같이 한계효용이 같아질 때는 교환으로 이득이 발생하지 않으므로 교환하지 않는다.

## 6강 개요

잉여 → 교환 ○ 부족 → 교환 ×
⇒ 교환의 조건: 잉여 ?

↓

부족시에도 교환 발생
⇒ 교환의 조건: 잉여 ×

↑

| 교환의 조건 |
| --- |
| 개인이 평가하는 한계가치의 차이 |

↓

| 교환의 정도 |
| --- |
| 개인이 평가하는 한계가치가 동일할 때까지 |

MEMO

## 7강 세입자를 쫓아 내보내는 것은 집주인인가?: 교환의 역할

계약기간이 만료되었을 경우, 세입자는 주인이 새로이 높게 요구하는 집세를 내지 못할 경우, 그는 그 집에서 나오게 된다. 그때 통상적으로 그 세입자는 "주인이 나를 쫓아냈다"고 생각한다. 과연 그럴까?

지금 시내 중심가 한 코너에서 영호가 그 코너를 세내어 양복점을 운영하고 있다. 우연히 철수가 그곳을 지나가다가 문뜩 이런 생각이 들었다. "이곳에서 내가 제과점을 운영한다면 장사가 잘 될 것 같다"는 생각. 그 생각을 실천하기 위해 철수는 그 근방의 부동산중개사무소에 들러 "저 양복점의 세가 얼마이며, 장사는 잘되고 있습니까?"라고 물었다. 중개인은 "현재 보증금 없이 월세 150만원이며, 계약기간은 2년인데 이제 약 2달 후면 계약기간이 만료됩니다. 그리고 그럭저럭 현상유지를 하고 있는 것으로 알고 있습니다."라고 하였다. 철수는 자기가 그곳에서 제과점을 한다면 월세금으로 170만원을 지불하고서도 수지가 맞을 것으로 생각이 들었다. 그는 중개인에게 월 170만원을 낼 용의가 있으니 그 코너의 주인에게 의사타진을 해 보라고 했다. 중개인으로부터 그 소식을 전해들은 주인은 양복점을 운영하고 있는 영호에게 임대료를 월 170만원으로 올려줄 수 있을지를 물었다. 영호는 현재 겨우

수지를 맞추고 있고 앞으로도 더 잘될 전망이 없으므로 올려줄 수 없다고 했다. 그 말을 듣고 주인은 계약을 연장할 수 없다고 하면서 계약기간이 끝나면 비워달라고 했다. 2달 후 영호는 그 점포를 비워주면서 월 150만원으로 갈 수 있는 점포로 가게를 옮겼다. 며칠 후 이전 개업 소식을 듣고 찾아 온 사람들이 "왜 여기로 옮겼어?"라고 물었다. 영호는 이렇게 대답했다. "돈만 아는 주인이 집세를 올려주지 않는다고 나를 내쫓았어!"

주인은 무엇 때문에 그를 내보낼 수 있었을까? 임대료를 올려줄 수 있는 세입자인 철수가 대기하고 있기 때문이다. 이것은 분명하다. 만약 철수처럼 임대료를 올려줄 수 있는 잠재적 세입자들이 없을 때 주인이 영호를 내보낸다면 월 170만원으로 들어올 세입자가 없으므로 그 점포는 놀게 될 것이기 때문이다. 단지 주인은 영호를 내보내는 과정에서 철수의 제시를 대신 영호에게 전했을 뿐이다. 그러므로 영호를 '실질적'으로 쫓아내는 것은 주인이 아니라 바로 새로 들어온 세입자인 철수인 것이다.

그 교환과정을 통해 그 점포의 사용자는 영호에서 철수로 바뀌었다. 이것은 무엇을 시사하고 있을까? 영호는 그 점포의 가치를 월 150만원으로 평가한 반면 철수는 월 170만원으로 평가하였다. 그러므로 교환을 통해 그 점포의 사용자는 가치를 낮게 평가하는 자로부터 높게 평가하는 자에게로 이동하였다. 이것은 교환이 그 재화를 보다 높게 평가하는 사람이 이용을 하도록 하는 역할을 한다는 것을 시사하고 있다(바로 앞강에서도 사과는 교환을 통해 보다 높게 평가하는 순이네로 이동되었다). 보다 높게 평가하는 사람은 그것을 효과적으로 이용하는 사람이다. 철수가 영호보다 더 높게 평가한 이유는 그곳에서 영호보다 더 높은 수익을 올릴 수 있기 때문이다. 그러므로 교환은 희소한 자원을 가장 효과적으로 이용할 수 있는 사람에게 가도록 하는 역할도 하고 있는 것이다. 이것이 바로 4강에서 본 양도권의 역할이다.

## 7강 개요

세입자 퇴거의 주범

↓

집주인: 피상적

↓

높은 임대료 요구 원인

대기 세입자의 높은 임대료 제시

↓

세입자 퇴거의 주범

새로운 세입자

새로운 세입자

거주지에 대해 기존 세입자보다 높게 평가

↓

교환의 역할 (양도권의 역할)

보다 효율적인 자 자원 이용 가능

# 제3장
# 가격은 어떻게 결정되는가?

# 8강 밍크코트 가격이 오르면 구입하려는 사람은 왜 많아질까? : 수요의 법칙의 예외?

일반적으로 가격이 상승하면 구입하려는 양(수요량)이 감소한다. 이와 같이 가격과 수요량 간에 역의 관계가 있는 현상을 수요의 법칙이라고 한다. 우리가 수요의 법칙에 따라서 행동하는 직관적인 이유는 다음과 같다. 구입하는 사람, 즉 소비자에게 가격은 그것을 하나 더 얻기 위해 포기하는 것, 즉 치르는 대가인 기회비용이다. 가격이 상승하는 것은 소비자가 치르는 대가가 높아진다는 것을 의미한다. 사람들은 치르는 대가가 커지면 어떤 행위를 더 적게 하는 것이 당연한 것이다. 따라서 가격이 상승하면 더 적게 구입하는 것이다.

그런데 밍크코트, 아파트, 주식 등의 가격이 상승할 때 수요량이 증가하는 현상을 종종 볼 수 있다. 왜 이런 현상, 즉 수요의 법칙이 적용되지 않는 현상이 발생할 수 있을까? 가격뿐만 아니라 다른 것도 수요에 영향을 미치기 때문이다. 다른 것들이란 무엇인가? 다른 재화의 가격, 소득, 기호, 예상가격, 인구의 크기 등이다.

사과 가격은 변하지 않고 그대로인데 배 가격이 상승하면 사과의 수요는 증가한다. 사과 가격은 변하지 않더라도 대체재인 배 가격이 상승하면 사과는 상대적으로 싸지기 때문이다. 한편 설탕 가격은 변하지 않고 그대로인데 커피 가격이 상승하면 설탕의 수요는 감소한다. 커피 가격이 상승하면 커피의 수요가 감소하고 커피와 서로 보완관계에 있는 설탕의 수요도 감소하기 때문이다. 이와 같이 대체재 가격의 상승은 수요의 증가를 초래하고, 보완재 가격의 상승은 수요의 감소를 초래한다. 대체재와 보완재의 가격이 하락하면 위와는 반대 현상이 발생한다.

일반적으로 소득이 증가하면 수요는 증가하므로 소득은 수요에 대개 비례적으로 영향을 미친다. 그러나 돼지고기나 보리쌀과 같은 재화는 소득이 증가하면 오히려 수요가 감소하는 경우도 있다. 돼지고기를 주로 소비하던 소비자들이 소득이 증가하면 돼지고기 대신 보다 우등한 식품으로 여기는 쇠고기를 소비하게 됨으로써 돼지고기의 수요가 감소하게 되는 것이다. 보리쌀의 경우도 소득이 증가하면 보다 우등한 식품인 쌀로 수요가 대체되어 그 수요가 감소하게 되는 것이다. 이 경우 소득은 수요에 반비례적으로 영향을 미친다. 이런 경향을 나타내는 재화를 열등재(inferior goods) 또는 하급재라고 한다. 왜냐하면 돼지고기나 보리쌀은 쇠고기나 쌀보다 열등한 식품으로 평가되고 있으며, 이런 열등적인 특성을 지닌 재화에서 그러한 경향이 나타나기 때문이다. 이와 같이 열등재(또는 하급재)의 수요는 소득과 반비례 관계로 나타난다. 반면, 위에서 언급한 것처럼 일반적인 재화는 소득과 수요 간에 비례적 관계를 나타내는데, 이런 재화를 정상재(normal goods)라고 한다.[1]

그러나 한 가지 주의해야 할 점이 있다. 열등재라고 해서 무조건 소득과 반비례의 관계만 나타나는 것이 아니다. 소득수준이 아주 낮을 때는 소득이 좀 증가한다고 해서 이런 재화의 수요가 우등한 재화로

1 정상재를 열등재 또는 하급재에 빗대어 우등재 또는 상급재라고도 한다.

대체되는 것이 아니라 여전히 그 재화의 수요가 증가한다. 소득수준이 낮아서 보리쌀로 하루 두 끼를 때우고 있는데 소득이 증가한다고 보리쌀 대신 쌀로 두 끼를 때우는 것이 아니라 보리쌀을 더 구입하여 하루 세 끼를 충족시킨다. 다만 소득이 그 이상 수준으로 증가하면 보리쌀 중 일부를 쌀로 대체할 것이다. 따라서 소득이 어느 정도 충분히 증가하면 수요가 반드시 감소하는 재화가 열등재인 것이다.

어느 날 "어떤 약수가 다른 음료수들보다 건강에 훨씬 좋다"는 뉴스가 나왔다면, 그 약수의 수요는 증가할 것이다. 이와 같이 소비자의 선호나 기호도 수요에 영향을 준다.

사과 가격이 낮아질 것으로 예상된다면 현재 가격에서 사과의 수요는 감소될 것이다. 하락될 가격에 비해 현재의 가격이 비싸기 때문이다. 반대로 가격상승이 예상된다면 수요는 증가할 것이다. 이와 같이 예상가격과 수요 간에는 비례관계가 존재한다.

인구의 크기도 수요에 영향을 주게 된다. 인구가 늘어나게 되면 재화의 수요는 증가할 것이고 그 반대이면 감소할 것이다. 이와 같이 인구의 크기와 수요 간에는 비례관계가 있다.

이와 같이 가격 이외에도 수요에 영향을 주는 요인들이 많이 있다. 가격을 포함하여 소득이나 타재화의 가격 등과 같이 수요에 영향을 주는 것들을 수요의 결정요인이라고 한다. 경제학자들은 가격이 수요량에 영향을 미치는 것과 가격 이외의 요인이 영향을 주는 것을 구분하고 있다. 가격변동으로 수요량에 영향을 주는 것을 수요량의 변화라 하고, 가격 이외의 요인들의 변동으로 수요량에 영향을 주는 것을 수요의 변화라 한다. 그래서 그 재화가격이 상승하여 수요량이 감소하는 것은 '수요량의 감소'이고, 대체재 가격이 하락하여 수요량이 감소하는 것을 '수요의 감소'라고 한다. 따라서 수요가 감소했다면 그 원인은 가격 이외의 변동으로서 여러 가지가 될 수 있는 반면, 수요량이 감소했다면 그 원인은 단 한 가지 그 재화의 가격상승뿐이다.

이제 밍크코트, 아파트, 주식 등의 가격이 상승할 때 수요가 증가하는 현상을 설명할 수 있다. 밍크코트의 가격이 상승할 때 수요가 증가하는 이유를 구체적으로 살펴보자.

첫째, 100만원하던 밍크코트가 1,000만원이 됨으로써 소비자들 중 일부는 품질은 그대로이지만 다른 제품으로 인식하는 것이다. 100만원할 때는 저가품으로 생각했지만 1,000만원이 됨으로써 자신의 재력을 과시할 수 있는 과시재로 평가하여, 저가품일 때는 거들떠보지 않던 소비자들이 구입함으로써 판매가 증가되었다고 볼 수 있다. 이것은 단순히 가격변화가 아니라 그로 인해 소비자의 선호가 변화되어 수요량이 변화된 것이다. 따라서 위에서 밝힌 바와 같이 이것은 단순히 가격변화로 인한 '수요량의 변화'가 아닌 소비자 선호의 변화로 인한 '수요의 변화'가 나타난 것이다. 따라서 수요의 법칙은 '수요량의 변화'를 의미하므로 이 현상은 수요법칙의 예외가 아닌 것이다. 수요의 법칙의 예외라면 가격이 1,000만원보다 높은 1,500만원으로 상승하더라도 수요량이 증가했어야 하는데, 감소한다는 것은 수요의 법칙이 적용되고 있다는 또 다른 입증자료인 것이다. 그렇지 않다면 밍크코트의 가격은 끝없이 상승해야 할 것이다. 이 사례에서 이 밍크코트는 100만원일 경우 저가품으로, 1,000만원일 경우 과시재로 소비자들에게 인식되고 있다는 것을 보여주고 있다. 한편 이런 현상을 다음과 같이 해석할 수도 있다. 수요의 법칙은 같은 재화에 적용되는 것인데, 100만원 밍크코트와 1,000만원 밍크코트는 다른 재화로 인식하고 있으므로 수요의 법칙을 적용하는 것은 잘못된 것이다.[2]

둘째, 대체관계가 있는 무스탕의 가격이 아주 높게 상승하여 그런 현상이 나타날 수 있는 것이다. 밍크코트 가격이 5배 상승하더라도 무스탕 가격이 10배 상승하게 되면 밍크코트가 상대적으로 더 싸게 되어, 무스탕을 구입하려던 사람들이 밍크코트를 구입함으로써 밍크코트의 수요가 증가된다. 이 경우 역시 대체재 가격이 상대적으로 변화하여 발생한 것으로 '수요의 변화'이므로 수요법칙의 예외가 아닌 것이다.

셋째, 밍크코트의 가격이 앞으로 더욱 더 상승할 것으로 예상이 될 때 역시 그런 현상이 나타날 수 있는 것이다. 밍크코트의 가격이 상승함으로써 그 여파로 소비자들이 앞으로 더 상승할 것이라 예상되면 더 오르기 전에 구입하는 것이 득이 된다고 생각하므로 수요가 증가된다. 이 역시 단순히 가격변화로 인한 '수요량의 변화'가 아닌 소비자 예상의 변화로 인한 '수요의 변화'로서 수요법칙의 예외가 아닌 것이다. 마찬가지로 아파트나 주식의 가격이 상승함으로써 앞으로 값이 더 오르리라 예상하게 되면 수요가 증가한다. 이 역시 수요법칙의 예외가 아닌 것이다. '수요량의 변화'와 '수요의 변화'를 경제학자들이 구분하는 이유 중의 하나가 바로 이것을 설명하기 위해서이다.

이상에서 본 바와 같이, 겉으로는 수요법칙의 예외로 보이는 현상들이 논리적으로 분석해 보았을 때 오히려 수요의 법칙이 어떤 경우에

2 경제학에서 재화가 동질적인지 차별적인지는 물리적 속성에 의해 판단하지 않는다. 그것은 소비자의 가치판단에 따른다. 왜냐하면 수요자의 판단에 따라 구매행위가 결정되기 때문이다. 이것이 경제학과 공학 등 자연과학의 차이다.

나 적용된다는 것을 보여주고 있다.[3] 수요의 법칙에 예외가 존재한다면 대다수 소비자의 행동이 비합리적이라는 결론이 도출될 수 있는 것이다. 물론 극소수의 소비자가 비합리적으로 행동을 할 수 있더라도, 시장에 나타난 수요는 그 소비자들과 대다수 합리적 소비자들 전체의 수요이므로 수요법칙의 예외가 존재하지 않는 것이다.

수요법칙 예외의 존재 여부도 중요하지만, 여러분들은 수요법칙 예외로 보이는 현상이 어떤 경우에 발생할 수 있는지를 파악하고 인식하는 것이 실생활에 도움이 될 것이다. 예를 들어, 대체재의 가격이 상승할 때 가격을 대체재보다 낮은 비율로 상승시켜도 수요가 증가하여 더 많은 부를 획득할 수 있을 것이다. 독자 여러분, 수요법칙의 예외로 보이는 현상이 발생할 수 있는 경우는

첫째, 가격상승으로 과시재로 변할 때,
둘째, 가격상승으로 앞으로도 더 가격이 높아지리라 예상이 될 때
셋째, 가격이 상승하더라도 대체재 가격보다 상대적으로 적게 상승할 때

라는 점을 명심하여, 대박을 터트리세요!

수요의 법칙, 즉 가격과 수요량 간의 역의 관계를 표로 나타낸 것이 수요표이다.

---

3 대부분의 교과서에는 수요의 법칙의 예외에 해당하는 재화를 '기펜재'라 한다. 기펜(Giffen)이라는 학자가 19세기 아일랜드에서 감자가격이 상승할 때 소비량이 증가한 현상을 발견했기 때문에 그의 이름을 따서 기펜재라 한다. 교과서에는 이론상으로 열등재 중 소득효과가 대체효과보다 클 경우에 발생한다고 되어 있다. 하지만 본문에서 지적한 이유로 기펜재는 존재할 수 없다. 감자가격이 상승했을 때 대체재들의 가격이 더 높이 상승했거나 앞으로 더 오를 것으로 예상을 했거나 수요의 변화가 일어났을 것이다.

[표 8-1] 사과에 대한 수요표

| 가격(원) | 수요량(개/일) |
|---|---|
| 500 | 1 |
| 400 | 2 |
| 300 | 3 |
| 200 | 4 |
| 100 | 5 |

이런 수요의 법칙을 그림으로 나타낸 것을 수요곡선(*DD*)이라고 한다. 수요곡선은 다음의 [그림 8-1]과 같이 우하향하는 형태를 취한다.[4] 가격과 수요량 간에 역의 관계가 있기 때문이다.[5]

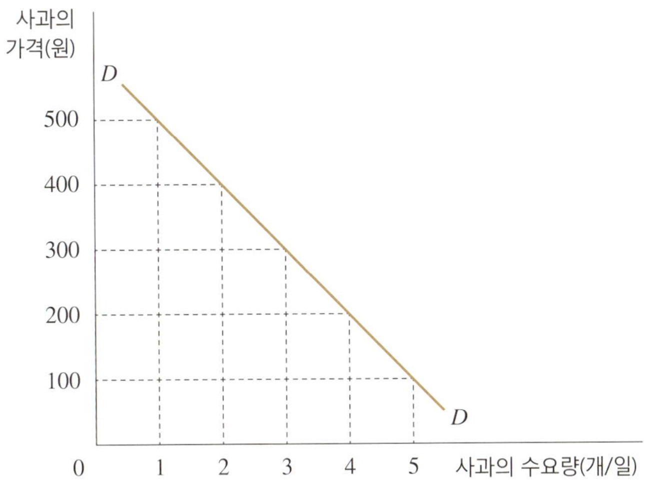


[그림 8-1] 사과의 수요곡선

4 우하향(右下向)이란 글자 그대로 오른쪽으로 갈수록 아래로 향한다는 뜻이다.

5 만약 변수 간에 정(+)의 관계, 즉 비례관계가 있으면 우상향(右上向) 형태로 나타난다.

수요의 법칙은 상품에만 적용되는 것이 아니라 모든 인간행동에 적용되는 법칙이다. 가격은 무엇을 한 단위 더 얻기 위해 포기해야만 하는 것, 즉 치르는 대가이다. 그러므로 수요의 법칙이란 치르는 대가가 크면 클수록, 하고자 하는 양이 적어진다는 것을 의미한다.

예를 들어, 교통위반의 정도를 줄이기 위해 벌금을 높이는 방법이 바로 수요의 법칙을 적용한 것이다. 택시기사가 교통위반을 함으로써 하루에 추가되는 수입이 3만원이고 하루에 한 번 적발될 확률이 100%라 하자. 만약 범칙금이 2만원이라면 위반을 할 것이다. 왜냐하면 위반함으로써 추가되는 수입은 3만원이고 추가되는 비용은 2만원으로, 위반한다면 1만원의 득을 볼 수 있기 때문이다. 그러나 범칙금이 4만원으로 오르면 추가되는 수입은 3만원 그대로지만 추가되는 비용은 4만원이 되어, 위반한다면 이제는 오히려 1만원의 손해를 보므로 위반을 하지 않을 것이다. 즉, 범칙금을 높임으로써 위반의 횟수가 줄어드는 것이다.

한편 수요량의 변화가 발생하면 동일한 수요곡선 상에서 이동이 발생하고 반면, 수요의 변화가 발생하면 수요곡선 자체가 이동한다. 어떤 이유로 수요가 증가하면 수요곡선은 우측으로 이동하고, 감소하면 좌측으로 이동한다. 이러한 변화를 나타낸 것이 다음의 [그림 8-2]와 같다.

이상에서 살펴본 수요결정요인의 변화에 따른 결과를 정리해보면 [표 8-2]와 같다.

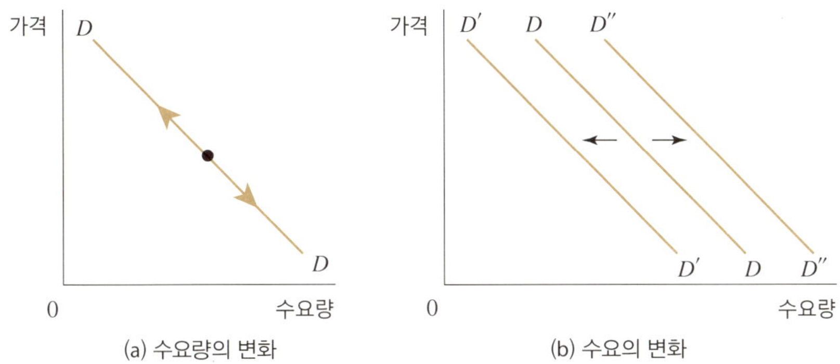


[그림 8-2] 수요량의 변화와 수요의 변화

[표 8-2] 수요결정요인 변화의 결과

| 수요결정요인 | | | 수요(량)의 변화 | 변화 결과 |
|---|---|---|---|---|
| 가격 | 상승 | | 수요량의 증가 | 수요곡선상 위로 이동 |
| | 하락 | | 수요량의 감소 | 수요곡선상 아래로 이동 |
| 소득 | 상승 | 정상재 | 수요의 증가 | 수요곡선 우로 이동 |
| | | 열등재 | 수요의 감소 | 수요곡선 좌로 이동 |
| | 하락 | 정상재 | 수요의 감소 | 수요곡선 좌로 이동 |
| | | 열등재 | 수요의 증가 | 수요곡선 우로 이동 |
| 관련 여타 재화의 가격 | 상승 | 대체재 | 수요의 증가 | 수요곡선 우로 이동 |
| | | 보완재 | 수요의 감소 | 수요곡선 좌로 이동 |
| | 하락 | 대체재 | 수요의 감소 | 수요곡선 좌로 이동 |
| | | 보완재 | 수요의 증가 | 수요곡선 우로 이동 |
| 기호(선호) | 민감 | | 수요의 증가 | 수요곡선 우로 이동 |
| | 둔감 | | 수요의 감소 | 수요곡선 좌로 이동 |
| 예상가격 | 상승예상 | | 수요의 증가 | 수요곡선 우로 이동 |
| | 하락예상 | | 수요의 감소 | 수요곡선 좌로 이동 |
| 인구 | 증가 | | 수요의 증가 | 수요곡선 우로 이동 |
| | 감소 | | 수요의 감소 | 수요곡선 좌로 이동 |

한편 우리는 수요결정요인을 이용하여 담배소비를 감소시키는 방법을 추론할 수 있다. 하나는 수요의 법칙을 이용하여 가격을 상승시키는 것이다. 다른 방법은 수요의 변화를 이용하는 것으로서 소비자의 기호를 변화시키는 것이다. 담배를 피움으로써 건강이 나빠진다는 홍보영화를 상영하거나 담배포장에 그런 문구를 넣도록 하는 것이다. 담배소비를 줄이기 위해 현실에는 이런 방법들이 사용되고 있다.

## 8강 개요

밍크코트 가격 상승 → 밍크코트 소비(수요) 증가
⇒ 수요의 법칙: 예외 ?

↓

수요량의 변화와 수요의 변화 구분

↓

| | |
|---|---|
| 수요량의 변화 | 가격 변화 → 수요량 변화 |
| 수요의 변화 | 가격 이외 변화 → 수요량 변화 |

↓

수요의 법칙: 가격과 수요량과 관계

↓

| | |
|---|---|
| 현상 | 밍크코트 가격 상승 → 밍크코트 수요 증가 |
| 논리 | 밍크코트 가격 상승<br>→ 상대가격, 기대 또는 기호 변화<br>→ 밍크코트 수요 증가 |

↓

수요의 법칙: 예외 ×

MEMO

## 9강 아파트 가격이 오르면 매도하려는 사람은 왜 줄어들까?: 공급의 법칙의 예외?

일반적으로 가격이 상승하면 판매하려는 양(공급량)이 증가한다. 이와 같이 가격과 공급량 간에 비례의 관계가 있는 현상을 공급의 법칙이라고 한다. 우리가 공급의 법칙에 따라서 행동하는 직관적인 이유는 다음과 같다. 판매자의 입장에서 가격이 상승하면 수익성이 높아지기 때문이다. 따라서 가격이 상승하면 더 많이 판매하려는 것이다.

그런데 아파트, 주식 등의 가격이 상승할 때 공급량이 감소하는 현상을 볼 수 있다. 왜 이런 현상, 즉 공급의 법칙이 적용되지 않는 현상이 발생할 수 있을까? 가격뿐만 아니라 다른 것도 공급에 영향을 미치기 때문이다. 다른 것들이란 무엇인가? 다른 재화의 가격, 요소가격, 기술수준, 예상가격, 기업의 수 등이다.

사과 가격은 변하지 않고 그대로인데 배 가격이 상승하면 사과의 공급은 감소한다. 사과 가격은 변하지 않더라도 배 가격이 상승하면 사과는 상대적으로 싸지므로 배를 판매하는 것에 비해 수익성이 감소하기 때문이다. 한편 닭똥집 가격은 변하지 않고 그대로인데 닭 가격이 상승하면 닭똥집의 공급은 증가한다. 닭 가격이 상승하면 닭 공급이 증가하고 부산물인 닭똥집의 공급도 증가하기 때문이다. 이와 같이 일반적으로 타 재화가격의 상승은 공급의 감소를 초래하지만, 부산물의 공급은 증가한다. 타 재화의 가격이 하락하면 위와 반대 현상이 발생한다.

인건비, 재료 등 (생산)요소들의 가격들이 상승하면 공급은 감소한다. 비용이 상승하여 수익성이 감소하기 때문이다. 요소가격이 하락하면 반대로 수익성이 높아져서 공급은 증가한다.

그 재화를 생산하는 기술수준이 향상되면 공급은 증가한다. 기술수준이 향상된다는 것은 똑같은 요소투입으로 더 많은 것을 생산한다는 것을 의미한다. 다른 식으로 표현하면, 같은 양을 생산하는 데 요소투입이 줄어든다는 것을 의미한다. 따라서 기술수준이 향상되면 단위당 생산비가 감소하여 수익성이 증가하여 공급이 증가한다.

사과 가격이 낮아질 것으로 예상된다면 현재 가격에서 사과의 공급은 증가될 것이다. 하락될 가격에 비해 현재의 가격이 비싸므로 현재 판매하는 것이 득이기 때문이다. 반대로 가격상승이 예상된다면 공급은 감소할 것이다. 이와 같이 예상가격과 공급 간에는 반비례관계가 존재한다.

기업의 수도 공급에 영향을 주게 된다. 기업의 수가 늘어나게 되면 재화의 공급은 증가할 것이고 그 반대이면 감소할 것이다. 이와 같이 기업의 수와 공급은 비례관계가 있다.

이와 같이 가격 이외에도 공급에 영향을 주는 요인들이 많이 있다. 가격을 포함하여 요소가격이나 기술수준 등과 같이 공급에 영향을 주는 것들을 공급의 결정요인이라고 한다. 경제학자들은 가격이 공급량에 영향을 미치는 것과 가격 이외의 요인이 영향을 주는 것을 구분하고 있다. 가격변동으로 공급량에 영향을 주는 것을 공급량의 변화라 하고, 가격 이외의 요인들의 변동으로 공급량에 영향을 주는 것을 공급의 변화라 한다. 그래서 그 재화가격이 상승하여 공급량이 증가하는 것은 '공급량의 증가'이고, 요소가격이 하락하여 공급량이 증가하는 것을 '공급의 증가'라고 한다. 따라서 공급이 증가했다면 그 원인은 가격 이외의 변동으로서 여러 가지가 될 수 있는 반면, 공급량이 증가했다면 그 원인은 단 한 가지 그 재화의 가격상승뿐이다.

이제 아파트, 주식 등의 가격이 상승할 때 공급이 감소하는 현상을 설명할 수 있다. 아파트의 가격이 상승할 때 공급이 감소하는 이유를 구체적으로 살펴보자.

아파트의 가격이 상승할 때 앞으로 더욱 더 상승할 것으로 예상이 될 때 역시 그런 현상이 나타날 수 있는 것이다. 아파트 가격이 상승함으로써 앞으로 더 상승할 것이라 예상되면 지금 파는 것보다 오른 후에 판매하는 것이 득이 된다고 생각하므로 공급이 감소된다. 이것은 단순히 가격변화로 인한 '공급량의 변화'가 아닌 예상의 변화로 인한 '공급의 변화'로서 공급법칙의 예외가 아닌 것이다. 마찬가지로 주식의 가격이 상승하면서 앞으로 값이 더 오르리라 예상하게 되면 공급이 감소한다. 이 역시 공급법칙의 예외가 아닌 것이다. '공급량의 변화'와 '공급의 변화'를 경제학자들이 구분하는 이유 중의 하나가 바로 이것을 설명하기 위해서이다.

이상에서 본 바와 같이, 겉으로는 공급법칙의 예외로 보이는 현상들이 논리적으로 분석해 보았을 때 오히려 공급의 법칙이 어떤 경우에나 적용된다는 것을 보여주고 있다.

공급의 법칙, 즉 가격과 공급량 간의 비례관계를 표로 나타낸 것이 공급표이다.

[표 9-1] 생수에 대한 공급표

| 가격 (원) | 공급량 (병/일) |
|---|---|
| 500 | 5 |
| 400 | 4 |
| 300 | 3 |
| 200 | 2 |
| 100 | 1 |

이런 공급의 법칙을 그림으로 나타낸 것을 공급곡선(*SS*)이라고 한다. 공급곡선은 다음의 [그림 9-1]과 같이 우상향하는 형태를 취한다. 가격과 공급량 간에 비례관계가 있기 때문이다.

한편 공급량의 변화가 발생하면 동일한 공급곡선 상에서 이동이 발생하고, 반면 공급의 변화가 발생하면 공급곡선 자체가 이동한다. 어떤 이유로 공급이 증가하면 공급곡선은 우측으로 이동하고, 감소하면 좌측으로 이동한다. 이러한 변화를 나타낸 것이 다음의 [그림 9-2]와 같다.

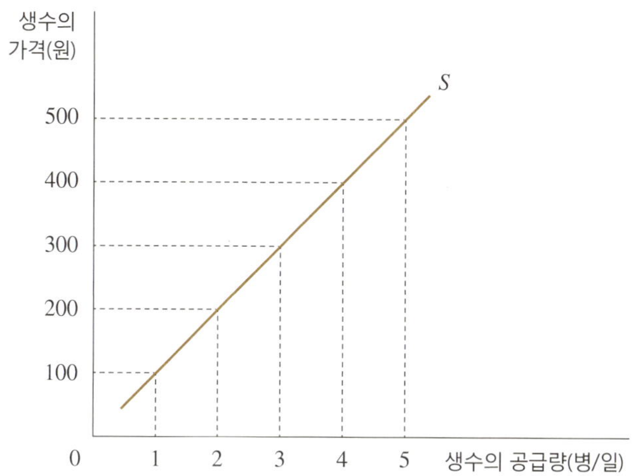


[그림 9–1] 생수의 공급곡선

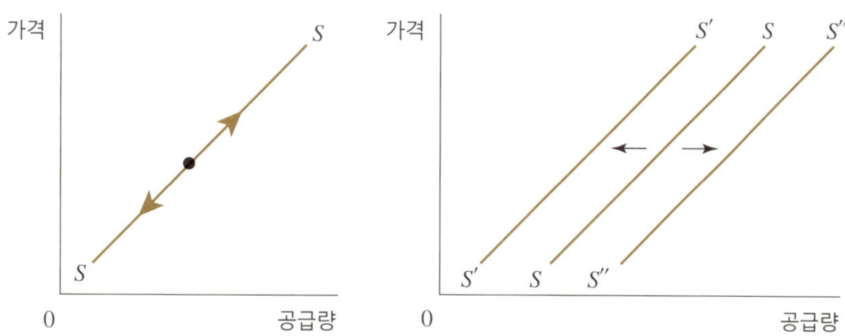


[그림 9–2] 공급량의 변화와 공급의 변화

이상에서 살펴본 공급결정요인의 변화에 따른 결과를 정리하면 다음 [표 9-2]와 같다.

[표 9-2] 공급결정요인 변화의 결과

<table>
<tr><th colspan="3">공급결정요인</th><th>공급(량)의 변화</th><th>변화의 결과</th></tr>
<tr><td rowspan="2">가격</td><td colspan="2">상승</td><td>공급량의 증가</td><td>공급곡선상 위로 이동</td></tr>
<tr><td colspan="2">하락</td><td>공급량의 감소</td><td>공급곡선상 아래로 이동</td></tr>
<tr><td rowspan="4">관련 여타 재화의 가격</td><td rowspan="2">상승</td><td></td><td>공급의 감소</td><td>공급곡선 좌로 이동</td></tr>
<tr><td>부산물 생산 재화</td><td>공급의 증가</td><td>공급곡선 우로 이동</td></tr>
<tr><td rowspan="2">하락</td><td></td><td>공급의 증가</td><td>공급곡선 우로 이동</td></tr>
<tr><td>부산물 생산 재화</td><td>공급의 감소</td><td>공급곡선 좌로 이동</td></tr>
<tr><td rowspan="2">생산원료가격</td><td colspan="2">상승</td><td>공급의 감소</td><td>공급곡선 좌로 이동</td></tr>
<tr><td colspan="2">하락</td><td>공급의 증가</td><td>공급곡선 우로 이동</td></tr>
<tr><td rowspan="2">생산기술</td><td colspan="2">진보</td><td>공급의 증가</td><td>공급곡선 우로 이동</td></tr>
<tr><td colspan="2">퇴보</td><td>공급의 감소</td><td>공급곡선 좌로 이동</td></tr>
<tr><td rowspan="2">예상가격</td><td colspan="2">상승예상</td><td>공급의 감소</td><td>공급곡선 좌로 이동</td></tr>
<tr><td colspan="2">하락예상</td><td>공급의 증가</td><td>공급곡선 우로 이동</td></tr>
<tr><td rowspan="2">생산업체의 수</td><td colspan="2">증가</td><td>공급의 증가</td><td>공급곡선 우로 이동</td></tr>
<tr><td colspan="2">감소</td><td>공급의 감소</td><td>공급곡선 좌로 이동</td></tr>
</table>

## 9강 개요

| 아파트 가격 상승 → 아파트 매도(공급) 감소<br>⇒ 공급의 법칙: 예외 ? |
|---|

↓

| 공급량의 변화와 공급의 변화 구분 |
|---|

↓

| 공급량의 변화 | 가격 변화 → 공급량 변화 |
|---|---|
| 공급의 변화 | 가격 이외 변화 → 공급량 변화 |

↓

| 공급의 법칙: 가격과 공급량과 관계 |
|---|

↓

| 현상 | 아파트 가격 상승 → 아파트 매도(공급) 감소 |
|---|---|
| 논리 | 아파트 가격 상승<br>→ 상대가격 또는 기대 또는 기호 변화<br>→ 아파트 공급 감소 |

↓

| 공급의 법칙: 예외 × |
|---|

MEMO

# 10강 비용이 가격을 결정하는가?: 가격결정원리

우리는 가게 주인에게 가격이 왜 올랐는지 물으면 으레 원료, 인건비 등의 비용이 상승했기 때문이라는 답을 흔히 듣고 수긍을 한다. 이것은 우리들이 "비용이 가격을 결정한다!"는 사고에 익숙해 있다는 것을 나타내고 있다.

한편 "가격은 어떻게 결정되는가?"라고 질문을 하면 "수요와 공급에 의해 결정된다!"고 한다.

과연 어느 것이 정답인가?

경제학 교과서에는 가격은 수요와 공급에 의해서 결정된다고 기술되어 있다. 이것을 수요 · 공급의 원리라고 한다. 그 원리부터 살펴보자.

시장에서 가격이 수요(량)와 공급(량)이 일치하는 곳에서 결정된다는 점은 모두들 잘 알고 있을 것이다.[1] 그러나 왜 그곳에서 가격이

---

1 수요와 공급은 각 개인의 수요와 공급이 아니라 시장전체의 수요와 공급이다. 가격은 각 개인의 수요와 공급에 의해 결정되는 것이 아니라 시장전체의 수요와 공급에 의해 결정되기 때문이다.

결정되는 이유는 잘 모르는 것 같다. 그 이유를 아는 것이 매우 중요하다. 이것을 알지 못하면 시장 여건 변화에 따른 대응을 적절히 할 수 없기 때문이다.

[표 10-1] 생수의 수요량과 공급량

| 가격(원) | 수요량(병) | 공급량(병) | 비고 |
|---|---|---|---|
| 500 | 1 | 5 | 초과공급 |
| 400 | 2 | 4 | |
| 300 | 3 | 3 | 시장균형 |
| 200 | 4 | 2 | 초과수요 |
| 100 | 5 | 1 | |

위의 [표 10-1]에서 보는 바와 같이, 현재 시장의 가격이 400원이면, 수요량은 2병이고 공급량은 4병이다. 이와 같이 공급량이 수요량을 초과하는 것을 초과공급(excess supply)이라고 한다. 초과공급은 생각만큼 물건이 팔리지 않고 재고가 생기는 것으로서, 이 경우 답답한 쪽은 공급자들이다. 공급자들은 소비자들이 더 많이 구매하도록 유도해야 하는데, 어떻게 할까? 서로 가격을 낮추어 팔려고 할 것이다. 왜냐하면, 수요의 법칙에 따라 가격이 낮아지면 수요량이 증가하기 때문이다. 이와 같이 초과공급이 발생하면 공급자들 간의 경쟁으로 가격이 하락하는 것이다.

한편 200원의 가격에서는 수요량은 4병이고 공급량은 2병이다. 이와 같이 수요량이 공급량을 초과하는 것을 초과수요(excess demand)라고 한다. 초과수요는 생각보다 물건이 잘 팔려 부족한 것으로서, 이 경우 답답한 쪽은 소비자들이다. 소비자들은 공급자가 더 많이 공급하도록 유도해야 하는데, 어떻게 할까? 서로 가격을 높여 구입하려고 할 것이다. 공급의 법칙에 따라 가격이 높아지면 공급량이 증가하기 때문이다. 이와 같이 초과수요가 발생하면 수요자들 간 경쟁으로 가격이 상승하는 것이다.

이와 같이 초과공급이 발생하면 가격이 하락하고 초과수요가 발생하면 가격이 상승한다.

한편 가격이 300원이 되면 수요량과 공급량이 똑같이 3병이다. 이제 수요와 공급이 일치하여 초과공급과 초과수요가 없다. 따라서 가격하락 및 상승요인이 없어져 가격은 이 수준에서 결정되는 것이다.

이러한 과정을 다음의 [그림 10-1]에서 나타내고 있다.

이와 같이, 초과공급이 발생하면 가격이 하락하고 초과수요가 발생하면 가격상승이 발생하여, 수요와 공급이 일치하는 곳에서 가격이 결정되는 것이다. 이것을 수요 · 공급의 원리라고 한다.

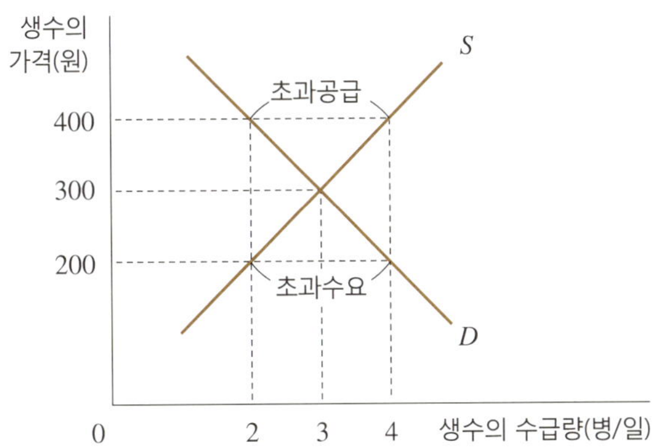


[그림 10-1] 생수의 가격과 거래량 결정

만약 시장에서 수요와 공급이 변하면 현재가격 수준에서 다시 초과수요나 초과공급이 발생할 것이다. 따라서 가격과 거래량이 변할 것이라는 점을 예상할 수 있다. 수요와 공급의 변동이 가격과 거래량에 어떻게 영향을 주는지 살펴보자.

수요가 증가하면 초과수요가 발생하여 가격이 상승한다. 가격의 상승에 따라 공급량이 증가하면서 거래량도 증가한다. 수요가 감소하면 초과공급이 발생하여 가격은 하락하고 거래량은 감소한다.

공급이 증가하면 초과공급이 발생하여 가격이 하락한다. 가격의 하락에 따라 수요량이 증가하므로 거래량도 증가한다. 공급이 감소하면 초과수요가 발생하여 가격이 상승하고 거래량은 감소한다.

이와 같이 수요와 공급의 변화는 가격에는 서로 반대로 영향을 주지만 거래량에는 비례적으로 영향을 준다.

그렇다면 수요와 공급의 변화가 동시에 발생하면 가격과 거래량은 어떻게 변할까? 수요가 증가하면 가격은 상승하고 공급이 증가하면 가격은 하락한다. 그러면 수요가 증가하고 공급이 증가한다면 가격은 어떻게 될까? 변하지 않을 것이라 생각할 수 있다. 그러나 변하지 않을 수도 있고 상승할 수도 하락할 수도 있다. 그것은 수요의 증가와 공급의 증가의 크기에 달려 있다. 수요의 증가가 공급의 증가보다 크다면 초과수요가 발생하므로 가격이 상승한다. 그 반대이면 초과공급이 발생하여 가격이 하락한다. 둘 다 똑같이 증가하면 초과수요도 초과공급도 발생하지 않으므로 가격이 변하지 않는다. 그러나 거래량은 어떤 경우에도 반드시 증가한다. 수요와 공급이 모두 증가했기 때문이다. 수요와 공급이 모두 감소하면 반대의 상황이 전개된다.

수요는 증가하고 공급이 감소하면 어떤 상황이 전개될까? 가격은 무조건 상승한다. 초과수요가 발생하기 때문이다. 하지만 거래량은 수요 증가와 공급 감소의 크기에 달려 있다. 수요 증가가 공급 감소보다 크면 거래량이 증가하고 그 반대이면 감소한다. 같으면 변하지 않는다.

이상의 결과를 요약하면 다음 [표 10-2]와 같다.

[표 10-2] 가격과 거래량의 변화

| 수요 및 공급 변화 | 가격 변화 | 거래량 변화 |
|---|---|---|
| 수요 증가, 공급 불변 | 상승 | 증가 |
| 수요 감소, 공급 불변 | 하락 | 감소 |
| 공급 증가, 수요 불변 | 하락 | 증가 |
| 공급 감소, 수요 불변 | 상승 | 감소 |
| 수요 증가, 공급 증가 | 상승, 하락, 불변 모두 가능 | 증가 |
| 수요 감소, 공급 감소 | 상승, 하락, 불변 모두 가능 | 감소 |
| 수요 증가, 공급 감소 | 상승 | 증가, 감소, 불변 모두 가능 |
| 수요 감소, 공급 증가 | 하락 | 증가, 감소, 불변 모두 가능 |

이제 "비용이 가격을 결정한다!"는 주장을 검토해 보자. 이를 검토하기 위해 다음과 같은 상황을 살펴보자. 사람들이 빵에 대한 선호도가 높아져서 빵에 대한 수요가 증가하였다. 그 결과 하루에 100개 팔리던 것이 오후 5시쯤 다 매진되었다. 이렇게 되면 시장의 조정과정은 두 가지로 전개될 수 있다.

하나는 다음과 같다. 빵 생산자는 더 많은 빵을 만들기 위해 더 많은 밀가루를 수요하게 되어 밀가루 시장에서 밀가루 가격이 올라간다. 빵 생산자는 이제 밀가루 가격이 상승하였으므로 빵 가격을 상승시킨다. 그 때 소비자가 빵 가게 주인에게 왜 빵 가격을 올렸냐고 물으면 그 주인은 밀가루 가격이 상승했기 때문에 어쩔 수 없이 빵 가격을 상승시킬 수밖에 없다고 답한다.

빵 가격 상승과정을 보면 비용이 상승했기 때문에 가격이 상승한 것이 아니라 오히려 빵에 대한 수요가 증가했기 때문에 가격이 상승한 것을 알 수 있다. 또한 빵 수요가 증가했기 때문에 비용이 증가한 것도 알 수 있다. 즉 재화의 수요가 비용을 결정한다는 것을 알 수 있다.

다른 하나는 다음과 같다. 빵 수요의 증가로 시장에서 초과수요가 발생하여 가격이 상승한다. 빵 가격이 상승하면 수익성이 높아지므로 빵 생산을 증가시키고자 한다. 그 결과 밀가루에 대한 수요의 증가로 밀가루 가격이 상승한다.

이런 식으로 전개되면, 수요 또는 가격이 비용을 결정한다는 점을 분명히 인식한다. 그러나 위와 같이 상황이 전개되면 단지 한 부분만 보고서 비용이 가격을 결정된다고 오인을 하는 것이다.

또 다른 상황도 살펴보자. 역시 밀가루를 사용하는 국수에 대한 수요가 증가한 경우, 빵 가격은 어떻게 될 것인가? 국수에 대한 수요 증가로 밀가루의 수요가 증가하여 역시 밀가루 가격이 상승할 것이다. 밀가루 가격의 상승으로 빵 제조업자는 그 상승분만큼 빵 가격을 상승시키려고 할 것이다. 하지만 전과 같은 양을 판매하기 위해서는 가격을 상승시킬 수 없다. 왜냐하면, 수요가 변하지 않았기 때문에 가격을 상승시키면 판매가 줄어들어 초과공급이 발생하여 가격은 이전 수준으로 하락하기 때문이다. 따라서 수지를 맞추기 위해 빵 생산을 줄인다. 그 결과 공급이 감소하여 가격이 상승한다.

하지만 이 경우 상승은 위와는 다음과 같은 차이가 있다. 밀가루 가격의 상승으로 공급이 감소하여 가격이 상승하는 것이다. 이와 같이 비용의 변화로 공급이 변하면 비용은 가격에 영향을 미칠 수 있다. 하지만 위에서 본 바와 같이, 그 재화의 수요 증가로 원료 등 생산요소의 가격이 상승하여 생산비가 증가할 경우 공급은 변하지 않는다. 위에서 본 것처럼, 빵 수요의 증가로 밀가루 가격이 상승했을 때 빵 공급은 변동하지(감소하지) 않았다. 오히려 빵에 대한 수요증가로 인한 빵 가격 상승으로 빵의 공급이 아니라 공급량이 증가한 것이다. 빵에 대한 수요 증가로 인한 공급량이 증가하면서 밀가루 가격 즉 비용이 상승한 것이다.

이상에서 본 바와 같이 비용이 가격을 결정하는 것이 아니라, 수요와 공급에 의해 가격이 결정된다는 것을 알 수 있다. 단, 비용이 공급의 변화를 초래할 때만 가격에 영향을 미친다. 그 경우에도 비용의 상승분만큼 가격이 상승하지 않는다. 왜냐하면 가격이 상승하면 수요량이 감소하여 초과공급이 발생하기 때문이다. 마찬가지로 비용의 하락으로 공급이 증가하더라도 비용의 하락분만큼 가격이 하락하는 것이 아니다. 왜냐하면 가격이 하락하면 수요량이 증가하여 초과수요가 발생하기 때문이다.

이상의 논리, 즉 "비용이 가격을 결정하는 것이 아니라, 수요와 공급이 결정한다."는 논리는 다음과 같은 주장을 검토하는 데 필수적이다. 아파트 가격을 낮추기 위해 정부가 토지를 낮은 가격으로 제공해야 한다는 주장, 밀가루 가격이 10%로 낮아졌기 때문에 라면가격이 10% 낮아져야 한다는 주장 등.

먼저 토지가격 하락을 통한 아파트 가격의 하락 추진이라는 목표가 달성되려면 토지가격 하락에 따른 아파트의 공급이 반드시 증가되어야 한다. 만약 공급이 증가되지 않으면 가격은 변하지 않기 때문이다. 이런 경우 혜택은 공급업자만 보게 된다.

밀가루의 가격이 10% 하락하더라도 라면 공급이 증가하지 않는다면 역시 라면 가격은 하락하지 않는다. 공급의 증가로 가격이 하락하더라도 가격은 10%만큼 하락하지 않는다. 위에서 언급한 것처럼, 가격이 하락하면 수요량이 증가하여 초과수요가 발생하기 때문이다. 가격 하락의 정도는 공급이 증가하는 정도에 따라 다르다.

다시 한 번 강조한다.

"비용이 가격을 결정하는 것이 아니라, 수요와 공급이 가격을 결정한다!"

## 10강 개요

비용 상승 → 가격 상승
⇒ 비용이 가격 결정 ?

↓

수요 증가 → 가격 상승
비용 상승 → 공급 불변 → 가격 불변
비용 상승 → 공급 감소 → 가격 상승

↓

| 가격 | 수요와 공급에 의해 결정 |
|---|---|

재화 수요 및 가격 → 비용 결정

↑

재화 수요 증가 → 가격 상승 → 생산 증가
→ 요소 수요 증가 → 요소 가격 상승 → 비용 상승

MEMO

# 11강 가뭄이 오면 물 부족사태가 지속되는가?: 가격의 역할

"가뭄이 들어서 물 부족사태가 발생했다"고 야단들인 경우를 종종 경험한다. 일견 보면 올바른 주장인 것처럼 보인다. 가뭄이 들면 물 공급이 줄어드니 당연히 부족사태가 발생할 것이기 때문이다. 하지만 이런 부족사태가 지속될 것인가?

물 부족사태는 경제학적으로 표현하면 초과수요이다. 공급이 감소하여 수요량이 공급량을 초과한 것이다. 이런 초과수요가 발생하면 앞에서 본 바와 같이 초과수요가 해소될 때까지 가격이 상승한다. 가격상승으로 그 지역 주민들은 수요량을 감소시킬 것이다. 그 결과 그들은 가뭄 전보다 물을 적게 사용하지만 물 부족사태는 발생하지 않는다. 그들은 물이 부족하다는 말 대신에 물 값이 너무 비싸다고 할 것이다. 하지만 가뭄 등으로 공급이 감소하여 물 부족사태가 발생할 경우, 정부가 물 가격의 상승을 허용하지 않는다면 물 부족사태는 지속될 것이다.

이와 같이 공급이 감소한다고 부족사태가 발생하는 것이 아니다. 부족사태가 지속되는 것은 공급 감소가 아니라 가격통제 때문이다. 가격을 통제하는 국가들(이전의 사회주의 국가들)에서는 물건들이 항상 모자라고 가게 앞에는 항상 긴 줄의 행렬이 나타나는 것이 다반사다. 시장경제국가에서도 어떤 것에 부족사태가 지속되는 것은 바로 가격통제에 그 주원인이 있는 것이다.

위의 예에서 가격상승으로 수요량이 감소하면서 물 부족사태가 해결되고 있다. 이 과정에서 가격은 가뭄으로 줄어든 물을 소비자들에게 과부족 없이 분배하고 있는 것이다. 높아진 가격으로도 전과 같이 사용할 사람은 전과 동일한 양을 소비할 수 있게 해주고, 가격부담을 느끼는 사람은 소비량을 줄이도록 수요량을 조절하고 있는 것이다. 이와 같이 가격은 부족사태가 발생하더라도 상승하면서 누구의 지시도 없이 누가 그 상품을 사용할 것인지(즉, 분배문제)를 해결하는 분배자로서 역할을 하고 있는 것이다. 물론 가격이 하락할 경우에도 가격은 분배자로서 역할을 하는 것이다.

한편 물 값이 지역주민들이 원성을 살 정도로 계속 높게 유지되는가? 그렇지 않다. 가격이 상승하면 공급자들은 비용이 좀 더 높아지더라도 수지를 맞출 수 있으므로 타 지역의 물을 그 지역으로 이전하거나 더 많은 지하수를 개발·정수하여 공급할 것이다. 따라서 공급량의 증가로 가격은 다시 하락하고,[1] 주민들은 공급량이 증가한 만큼 더 소비할 수 있다.

이와 같이 물 부족으로 물 가격이 상승함에 따라 물 공급량이 증가하고 있다. 여기에서 우리들은 소비자들이 부족하다고 생각하는 물이 가격상승을 통해 증가되고 있는 것을 알 수 있다. 이와 같이 가격은 희소한 자원을 이용하여 소비자들이 원하는 것을 더 많이 생산되도록

1 물론 반드시 이전의 가격으로 낮아지는 것은 아니다.

하는 자원배분자로서 역할을 하고 있는 것이다.

이상에서 본 바와 같이, 시장에서 수요와 공급에 의해 결정된 가격은 다음과 같은 역할을 한다.

첫째, 소비자들이 더 선호하는 재화를 더 많이 생산하고 덜 선호하는 재화는 적게 생산되도록 자원을 효율적으로 이용하게 하는 역할을 한다. 즉, 자원배분자로서 역할을 한다.

둘째, 생산된 재화에 대해 보다 높게 평가하는 사람들이 이용하도록 하는 역할을 한다. 즉, 생산물의 효율적인 분배자로서 역할을 한다,

따라서 가격을 통제하면 그 통제된 가격은 이런 기능을 하지 못하게 된다. 가격통제의 보다 구체적인 효과에 대해서 다음 강부터 살펴본다.

## 11강 개요

가뭄 → 물 공급 감소 → 물 부족

⇒ 물 부족의 원인: 가뭄 ?

↓

시장 조정 과정

가뭄 → 물 공급 감소 → 초과수요
→ 가격 상승: 물 부족 사태 ×
→ 공급 증가 → 가격 하락

↓

가격 통제

가뭄 → 물 공급 감소 → 초과수요
→ 가격 통제 → 초과수요 해결 ×
→ 물 부족 사태 지속

↓

가격의 역할

재화의 효율적 분배
자원의 효율적 이용

↓

물 부족의 원인

가뭄 × 가격 통제 ○

# 제4장
# 가격을 통제하면 무슨 일이 발생하는가?

12강 _ 임대료 규제가 세입자에게 득인가?:
가격통제 I (최고가격제)

13강 _ 최저임금제가 저임금 근로자에게 득인가?:
가격통제 II (최저가격제)

14강 _ 바가지요금을 규제해야 하는가?:
가격통제 III (최고가격제 응용)

# 12강 임대료 규제가 세입자에게 득인가?: 가격통제 I (최고가격제)

정부는 세입자의 주거비용이 높아지지 않도록 하기 위해 임대료를 올리지 못하도록 규제하거나 또는 상승폭을 제한시킨다. 이런 정책이 발표될 때 세입자들도 환영한다. 과연 세입자들은 이런 정책을 환영하여야 할까? 이를 파악하기 위해 임대료규제로 어떤 상황이 전개되는지를 살펴보자.

우선 임대료가 상승하는 이유는 무엇일까? 7강에서 본 바와 같이 집주인이 임대료를 올리려고 하기 때문이 아니라, 일자리, 교육, 결혼 등으로 그 지역에 대한 임대수요가 증가하였기 때문이다. 그 결과 임대주택의 부족, 즉 초과수요가 발생하여 임대료가 상승한 것이다. 높은 가격으로 입주할 사람, 즉 임대공간에 대해 높은 가치를 부여하는 사람들은 입주를 하고, 그렇지 못한 사람들은 더 작은 임대주택으로 이주하거나 보다 싼 다른 지역으로 이주하여 부족사태는 일시적으로 해결될 것이다. 아울러 임대주택의 수익성이 높아짐에 따라 임대주택과는 다른 용도로 사용되던 건축물이 임대주택으로 개조되고 새로운 임대주택이 건축됨으로써 임대주택의 공급이 증가하게 된다. 그 결과 임대료가

하락하면서 어쩔 수 없이 타 지역에 이주했던 사람들은 다시 입주할 수 있고, 어쩔 수 없이 작은 임대주택으로 이주했던 사람들도 더 넓은 임대주택으로 입주할 수 있다. 그 결과 임대수요의 증가로 인한 공간의 부족이 사실상 해결된다.

이와 같이 임대료, 즉 가격이 규제를 받지 않으면 그 임대료는 임대주택 수요증가에 따른 부족분을 효율적으로 해결한다. 즉, 현재 부족분을 높은 가치를 부여하는 사람들이 입주하도록 하고, 아울러 중장기적으로 공급증가를 통해 부족분을 해결한다.

그런데 정부가 임대료를 규제하면 어떤 상황이 전개될까? 먼저 현재 부족한 임대주택에 어떤 사람들이 입주를 하게 되는지부터 살펴보자. 집주인은 임대료를 규제된 것보다 높게 받을 수 없으므로 가격 이외의 다른 기준 즉 비가격분배방식에 입각하여 세입자를 선정할 것이다. 그 기준은 여러 가지가 될 수 있다.

첫째, 선착순에 의한 방법이다. 먼저 집을 구하려고 오는 사람에게 세를 놓는 것이다. 이런 경우 집주인은 기존 세입자가 이사를 가지 않는다면 그들에게 계속 세를 줄 것이다. 만약 그들이 이사를 한다면 먼저 집을 구하려고 오는 사람에게 세를 놓을 것이다. 이 방식에 의할 경우 집을 구하지 못하는 사람들은 기존 입주자나 먼저 계약한 사람에게 웃돈을 주고 자기가 입주할 수도 있고, 주인에게 계약 해지에 따른 위약금을 충당하고 남을 정도로 웃돈을 주면서 기존 계약자와 계약을 해지하도록 할 수 있다. 즉, 암시장(black market)[1]이 발생할 가능성이 있

1 암시장이란 허용된 가격을 벗어나서 거래하는 시장이다. 이 경우 규제된 임대료보다 높게 거래하는 것이다. 극장, 야구장에서 발생하는 암표 거래가 전형적인 암거래이다.

는 것이다.

둘째, 주인의 취향에 맞는 사람에게 세를 놓는 것이다. 주인은 임대료를 더 높게 받을 수 없으므로 자신의 취향에 맞는 사람을 입주시키려고 한다. 이런 방식에 의해 세를 놓을 경우 주인의 취향에 맞지 않는 사람들은 집을 구하기가 힘들어진다. 애가 많은 사람, 학연이나 지연이 다른 사람, 피부색이 다른 사람, 외국인 등은 집을 구하기가 힘들어진다.

이와 같이 비가격분배방식에 의해 세를 놓을 경우, 주거공간에 대해 높은 가치를 부여하는 사람들이 입주하지 못하게 되어 임대주택은 비효율적으로 이용된다.

또한 질의 변화도 발생한다. 질이 나쁜 것으로 도배를 해 주거나 흠집이 있더라도 고쳐주지 않고 그대로 입주하라고 한다. 세입자들은 초과수요로 예비세입자들이 많기 때문에 어쩔 수 없이 그대로 입주할 수밖에 없다. 따라서 자기가 울며 겨자먹기 식으로 스스로 도배하거나 수리를 하여 초과비용을 부담하거나 불량한 상태로 거주를 하게 된다. 침대를 비롯한 가구와 냉장고를 비롯한 가전제품 등이 완비되어 있던 곳에서는 이제 그것의 사용료를 따로 지불하라고 하여 역시 초과비용을 부담하게 된다. 만약 정부가 사용료를 따로 받지 못하게 하면 가구와 가전제품을 치워버린다. 따라서 세입자는 그것을 구입하여 사용할 수밖에 없으므로 역시 초과비용을 부담하게 된다.

이와 같이 임대료 규제는 새로운 세입자들에게 초과비용을 치르게 하여, 원래 목적인 주거비용의 하락은커녕 오히려 규제가 없을 때보다 더 높은 주거비용을 치르게 하고 있다. 또한 질의 하락을 통한 서민임대주택의 슬럼화를 초래한다. 우리는 서민임대주택 단지의 슬럼화현상을 볼 수 있는데, 그것의 상당한 원인은 바로 임대료규제이다.

장기적으로는 서민임대주택의 공급이 감소하여 서민임대주택의 부족은 더욱 더 심화된다. 왜냐하면, 서민임대주택의 소유자들은 규제를 받지 않는, 수익성이 높은 고급임대주택이나 다른 용도로 개조하기 때문이다. 이런 결과는 미국의 빈민가나 홍콩 등 여러 곳에서 현실로 나타났다. 이것을 두고 어느 학자는 "임대료 규제의 위력은 폭격과 같다"라고 했다. 아울러 주택건설업체들도 서민임대주택의 건설보다는 상대적으로 수익성이 높은 고급임대주택이나 분양주택 등을 건설할 것이다.

이와 같이 임대료 즉 가격이 통제됨으로써 가격은 효율적인 생산을 유도하는 역할도 하지 못한다. 즉, 임대료가 규제됨으로써 서민임대주택이 서민들이 원하는 정도로 생산이 되지 않았다. 규제가 됨으로써 오히려 그 사회가 원하지 않던 즉 과도한 고급임대주택이나 분양주택이 건축되었고, 그로 인해 인건비와 자재비가 폭등하여 물가가 폭등하는 결과를 초래하였다. 임대료 규제가 있었던 시기에 미국이나 홍콩 등에서 물가가 폭등한 경험을 갖고 있다.

가격통제의 이러한 문제점에도 불구하고 정치인들이 이런 정책을 지지하고 정부가 실시하는 이유는 무엇인가?

첫째, 대중들과 정치인들이 이런 문제점들을 잘 모르고 있거나, 임대료 규제가 서민들의 주거비를 낮추고 부자인 집주인의 소득을 낮추는 결과만 발생한다고 생각하기 때문이다.

둘째, 정치인들은 문제점을 알고 있더라도 대중들이 이런 문제점을 잘 모르고 있다고 여기거나, 대중들이 알고 있더라도 당장 혜택을 보는 사람들이 많아서 우선 그들로부터 지지를 받을 것이라 생각하기 때문이다. 아울러 문제점이 발생할 때는 그때 가서 다른 대책을 강구하면 된다는 정치적 논리 때문이다.

셋째, 일시적인 가격통제는 물가를 안정시킬 수 있기 때문이다. 집세와 휘발유가격, 음식숙박 요금, 목욕요금, 이·미용 요금 등의 상승은 소비자들로 하여금 물가가 앞으로 더 오를 것이라는 심리를 자극하여 물가상승을 더욱 더 부채질할 수 있다. 이런 경우 일시적으로 통제하는 것이 물가를 안정시킬 수 있기 때문이다. 그러나 물가안정을 위해 이런 정책을 시행하더라도 일시적으로 통제를 해야지 물가상승심리가 낮아졌는데도 불구하고 지속적으로 통제를 하면 위와 같은 나쁜 결과를 초래하게 된다는 점을 명심해야 할 것이다.

따라서 서민들의 주거비용을 낮추는 정책으로서 임대료 규제보다는 무주택 서민들에게 임대료를 부분적으로 보조하는 방식, 즉 전세자금 저리융자가 더 나은 효과를 초래할 것이다. 이런 주장들로 인해 현재 우리나라는 임대료를 규제하지 않고 전세자금 저리융자를 시행하고 있다. 하지만 최근에 전월세의 급격한 상승으로 정치권과 정부는 또 다시 임대료 규제를 시행하자는 주장이 나오고 있다. 최근 전월세의 급격한 상승에 대해 임대료를 규제하면 위에서 본 많은 문제점이 발생할 것이다. 올바른 해결책을 찾기 위해서는 최근 전월세의 급격한 상승의 원인을 임대주택의 공급에 대한 여러 가지 규제에서 발견해야 할 것이다.

가격통제는 가격상승을 저지하는 것뿐만 아니라 가격하락을 막는 것도 해당된다. 예를 들면, 최저임금제(minimum wage system)나 농산물 가격지지제 등이다. 이것들은 공급자를 보호하기 위해 시행되고 있다. 최저임금제는 노동의 공급자인 노동자들의 안정적인 생활을 보호하기 위해 시장임금수준보다 높게 설정하여 그 이하로 임금을 지불하지 못하도록 통제하는 것이고, 농산물가격지지제는 농산물의 공급자인 농부들의 안정적인 생활을 보호하기 위해 시장가격수준보다 높게 설정하여 그 이하로 거래하지 못하도록 통제하는 것이다. 가격통제는 소비자를 보호할 목적으로 시장가격수준보다 낮게 거래하도록 통제하는 것과 공급자를 보호할 목적으로 시장가격수준보다 높게 거래하도록 통제하는 것으로 구분할 수 있는 것이다. 전자를 '최고가격제' 또는 '가격상한제'(price ceilings)라 하며, 후자를 '최저가격제' 또는 '가격하한제'(price floors)라 한다.

다음 강에서 '최저가격제'도 과연 원래의 목적을 실현할 수 있을지를 살펴볼 것이다.

# 12강 개요

**임대료 규제 실시 목적**

세입자 주거비용 인하

↓

**임대료 상승이유**

임대수요 증가 → 초과수요(임대건물 부족) → 임대료 상승

↓

| 임대료 규제 시행 | |
|---|---|
| 단기 효과 | 임대건물 부족 → 질 하락(슬럼화 포함), 암시장(임대료 상승) |
| 중장기 효과 | 공급자 수익성 감소 → 비규제 건물로 개조 →<br>임대건물 감소→ 임대공간 부족 심화 → 임대료 폭등, 질 하락 심화 |

↓

**임대료 규제 시행 효과**

거주자 비용 상승: 원래 목적에 상반

↓

**대안**

전월세 자금 저리 융자

MEMO

# 13강 최저임금제가 저임금 근로자에게 득인가?: 가격통제 II (최저가격제)

정부는 다음과 같은 목적으로 최저임금제를 시행하고 있다. 「최저임금법」 제1조에 "근로자에 대하여 임금의 최저수준을 보장하여 근로자의 생활안정과 노동력의 질적 향상을 꾀함으로써 국민경제의 건전한 발전에 이바지하게 함을 목적"으로 한다고 규정되어 있다. 가장 중요한 목적은 저임금근로자들의 소득을 높이기 위한 것이다.

그런데 일전에 아파트 경비원들이 국회에 가서 자신들에게도 적용되고 있는 최저임금제를 적용하지 않도록 요구했다. 이들은 왜 자신들에게 득을 주려는 최저임금제를 거부할까?

최저임금제가 적용되자 인건비가 상승함으로써 아파트 관리비가 높아졌다. 그러자 주민들은 관리비를 낮추기 위해 경비원을 줄이고 대신 자동문과 CCTV로 대체하기 시작했다. 그 결과 경비원들이 일자리를 잃게 되었다. 더욱이 최저임금제로 기존의 낮은 임금수준에서는 일을 하려고 하지 않고 임금수준이 더 높아지면 일을 하려고 대기하는 노동자들이 경비원 노동시장에 진입하면서 일자리가 그들로 대체된다. 그 이유는 다음과 같다. 일반적으로 그들은 생산성이 높기 때문에 이전의 낮은 임금수준에서 일하는 것을 포기하고 있던 노동자들이다. 따라서 고용주들은 같은 임금을 지급할 경우 보다 생산성이 높은 노동자를 고용할 것이다. 그 결과 기존의 경비원들은 아주 많이 해고를 당한다. 이런 이유로 경비원들이 최저임금제를 거부하는 것이다.

방금 살펴 본 것처럼 최저임금제의 실시로 보호를 하려던 다수의 저임금 근로자들이 실직을 하고, 해고되지 않은 일부 근로자와 새로 일자리를 얻는 사람들만 이득을 본다. 원래 목적과 상반된 결과를 초래하고 있다.

이 제도의 실시로 생산성이 낮은 사람들이 해고를 당할 것이다. 구체적으로 그들은 누구인가? 기술수준이 낮거나 경험이 적은 사람들로서 청소년층이나 노년층 근로자, 여성 근로자, 영세기업 및 소기업의 근로자, 비정규직 등이 될 것이다. 그들이 기술수준을 높이거나 경험을 쌓기 위해서는 직장에서 계속 근무하여야 한다. 그런데 이 제도로 인해 해고됨으로써 생산성 향상을 통한 높은 소득을 얻을 기회를 오히려 박탈당하고 생계유지도 어렵게 된다.

그래서 이들 부류에 속한 근로자가 실직위기에 있거나 구직 중에 놓인다면, 구직자들은 명목상으로 시장가격수준보다 높은 최저임금을 받는 것으로 하고 실제로는 그보다 낮은 시장가격수준을 받고 취업을 하려고 시도하게 된다. 이것도 바로 '암거래'이다. 실질적으로 허용한 임금수준보다 낮은 수준으로 거래를 하는 것이다. 따라서 정부는 암거래가 발생하지 못하도록 단속과 처벌을 강력하게 시행할 수 있다. 그러면 사업주는 최저임금 미만의 수준에 대해서도 불만을 토로하지 않을 가족 및 친인척이나 지인으로 대체하거나, 아니면 근로자와 다른 방식으로 물밑거래를 할 수 있다. 근로자들은 최저임금을 수령하되 노동강도가 높은 일을 수행하거나, 원래 주어진 임무 외에 다른 부가적인 일들을 수행하거나, 심지어는 임금을 제때에 받지 못할 수도 있다. 물론 이런 것에 대해 정부가 단속과 처벌을 할 수 있지만, 실제로 정부의 감시나 감독도 그렇고, 근로자가 이에 따른 고발 등을 하는 것도 쉽지 않다.

이런 문제점에도 불구하고 정부가 최저임금제를 강력히 시행하는 이유는 무엇일까? 아마도, 이 제도로 미숙련공들이 모두 실직하는 것이 아니라 일부만 실직하므로, 해고자에 대한 대책만 강구되면 단점을 보완하면서 장점을 발휘할 수 있다고 생각하기 때문일 것이다. 계속 근무를 하는 그들은 높은 노동강도와 다른 부가적인 업무가 수반되더라도 전보다 높은 임금을 획득할 수 있으며, 실직을 당하는 근로자나 구직자들에게는 실업수당이나 정부가 시행하는 무상의 취업훈련기회를 제공하여 숙련공으로 성장할 기회를 제공하여 중·장기적으로 볼 때 더욱 더 큰 혜택을 가져온다는 것이다. 이 기회를 이용하여 그들이 숙련공으로 전환되면 사회적으로도 노동생산성이 높아져 국가의 경제성장에도 기여할 수 있다고 생각하는 것이다.

그러나 문제는 그들이 숙련공이 되더라도 그들을 채용할 일자리가 창출되지 않는다는 것이다. 왜냐하면, 임금이 노동의 수요와 공급에 의해 결정되도록 해야 그들이 일자리를 얻을 수 있는데, 그것을 방해하는 최저임금제가 실시되고 있고, 노동조합이 노동의 수요와 공급에 의해 결정되는 시장임금보다 높은 임금을 고수하기 때문이다(노동조합의 이러한 효과는 29강에서 상세히 설명된다).

그러면 이러한 문제를 발생시키지 않고, 저소득근로자들의 소득을 향상시킬 수 있는 방법은 없을까? 저소득근로자들에게 일정한 소득을 유지할 수 있도록 세금을 감면하거나 보조금을 지급하고, 특히 미숙련공들에게 기업자체 현장교육·훈련의 강화, 연수기회의 증대 등을 통해 숙련공으로 전환할 기회를 많이 제공하는 기업에게 정부가 보조금 지원과 세금감면의 혜택을 주는 것이다.

결론적으로, 최저임금제를 시행하면 기존 취업자 중 해고되지 않고 남아있는 일부와 새로운 취업자들이 이전에 비해 높은 소득을 얻지만 기존취업자 중 다수가 일자리를 잃는다. 또한 실업을 당하지 않기 위해 비밀리에 낮은 임금을 받아들이는 암거래가 발생한다. 따라서 저임금 근로자를 보호하기 위해서는 최저임금제보다 그들에게 세금감면이나 보조금을 주는 것이 더 나은 효과를 초래한다.

앞강과 본강에서 살펴본 바와 같이 정부가 어떤 목적을 위해 가격을 규제하면 의도한 결과와 정반대의 효과를 초래한다는 점을 우리 모두는 인식하여야 한다.

## 13강 개요

**최저임금제 실시 목적**

저임금 근로자 소득 증가

↓

**최저임금제 실시**

노동 수요 감소 → 저임금 근로자 다수 해고
⇒ 소수 근로자 소득 상승, 다수 근로자 소득 상실

↓

**최저임금제 실시 효과**

근로자 다수 해고, 소득 상실: 원래 목적에 상반

↓

**대안**

저소득층 소득 보조

MEMO

# 14강 바가지요금을 규제해야 하는가?: 가격통제 Ⅲ (최고가격제 응용)

우리는 흔히 관광지에서 다른 지역에 비해 아주 높은 가격을 지불하거나 또는 휴가철의 피서지에서 평상시에 비해 역시 아주 높은 가격을 지불한 경험이 있다. 이런 가격을 통상 바가지요금이라고 한다. 백과사전에는 시세보다 높은 가격으로 판매하는 것이라고 정의하고 있다. 이와 같은 바가지요금으로 소비자들이 피해를 입게 되므로 정부가 그 요금을 규제하거나 바가지요금을 부과한 상인들을 처벌해야 한다고 대부분의 국민들은 주장한다. 이런 견해를 받아들여 정부는 바가지요금에 대한 규제와 처벌을 시도하는 경우가 많다.

과연 바가지요금으로 소비자들이 진정하게 피해를 보는지 우리는 검토해 볼 필요가 있다. 왜냐하면, 바가지요금에 대한 이런 부정적인 시각은 가격결정원리를 모르거나 그릇된 경제적 사고에 토대를 두고 있기 때문이다. 비용 및 정상이윤을 초과하는 가격을 부여하여 폭리를 취하는 것은 상인들이 소비자들을 착취하는 행위라는 사고는 그릇된 사고이다. 이런 사고 역시 가격결정원리를 모르기 때문에 발생한 것이다.

10강에서 본 것처럼, 가격 즉 시세는 수요와 공급에 의해 결정된다. 관광지나 피서지의 가격이 비싼 이유는 수요에 비해 공급이 너무 부족하거나 또는 공급에 비해 수요가 너무 많기 때문이다. 이런 경우 부족현상(즉, 초과수요)을 해결하는 과정에서 가격이 저절로 상승하는 것이다. 다시 말하면, 상인들이 가격을 상승시키는 것이 아니라 소비자들이 부족한 것을 서로 차지하려고 가격을 상승시키는 것이다. 물론 이런 반박을 할 것이다. 소비자들이 가격을 상승시키는 것이 아니라 상인들이 높은 가격으로 판매하니까 소비자들이 그 가격을 지불하는 것이다. 현장에서 눈으로 보는 상황으로 보면 위의 반박이 타당한 것으로 보일 것이다. 하지만 상인들이 그런 높은 가격을 부여할 수 있는 이유는 무엇일까?

그 이유를 파악하기 위해, 휴가철 피서지에서의 가격이 여러분들이 거주하는 지역의 가격과 같다고 했을 때, 어떤 상황이 전개될 것인지를 상상해 보자.

휴가철 피서지의 숙박요금이 거주지의 숙박요금과 같으면 방 부족현상이 발생한다. 다시 말하면, 그 요금에 이용하려는 피서객의 방에 대한 수요가 피서지에 현존하는 방의 양(즉, 공급)에 비해 아주 많다. 따라서 현행 요금에서는 방 부족현상이 발생한다. 부족한 방을 확보하기 위해 소비자인 피서객들이 스스로 가격인상을 제안할 것이다. 가격인상은 부족 현상이 사라질 때까지 발생한다. 만약 소비자들이 모두 그 높은 숙박요금을 거절한다면 숙박업소는 높은 가격을 부를 수 없다. 숙박업소가 그 높은 요금을 부르는 것은 그 요금에 숙박을 할 피서객이 충분히 있기 때문이다.

이와 같이 피서지의 요금이 거주지의 요금보다 높아지는 것은 판매자가 요금을 인상하기 때문이 아니라 수요가 공급을 초과하여 소비자들이 스스로 요금을 인상하기 때문이다.

아울러 소비자가 그 높은 요금을 받아들인다는 것은 그 교환으로 이득을 본다는 것을 의미한다. 왜냐하면 소비자가 그 교환으로 손해를 본다면 그는 교환을 하지 않을 것이다. 즉, 그 요금에 숙박하지 않을 것이다. 따라서 통상적으로 부르는 바가지요금으로 소비자가 착취당하는 것이 아니다. 하지만 평상시나 거주지에 비해 높은 요금을 지불하기 때문에 소비자가 손해를 본다고 주장할 수 있다. 이런 주장에 대해 똑같은 논리로 상인들도 이렇게 주장할 것이다. 피서철에 높은 요금을 받을 수 있는데 평상시에 낮은 요금을 받으니 우리도 손해를 본다. 그러므로 바가지요금으로 소비자가 착취 또는 손해를 본다는 주장은 잘못된 것이다.

이상에서 본 바와 같이, 바가지요금은 시세보다 높은 것이 아니다. 오히려 그 요금은 수요와 공급에 의해 결정된 시세이다. 휴가철 피서지의 숙박요금을 바가지요금이라 한다면 서울의 주택가격이 다른 곳에 비해 높은 것도 역시 바가지요금이 된다. 따라서 백과사전에서 정의한 바가지요금은 잘못된 것이고, 소비자들이 그 요금으로 바가지를 쓴 것이 없으므로 그런 용어는 폐기되어야 한다.

하지만 통상적으로 바가지요금이라 하는 것을 사기와는 구별해야 한다. 소비자에게 품질을 속이고 높은 가격으로 판매를 한 것은 분명히 사기이고 소비자가 바가지를 쓴 것이므로, 우리는 이것을 바가지요금이라고 해야 할 것이다. 이런 바가지요금에 대한 규제는 필요할 것이다.

## 14강 개요

바가지요금

시세보다 높은 가격(백과사전 정의), 일반인 인식

↓

폭리

소비자 피해

↓

바가지요금

수요와 공급에 의해 결정

수요↑ ⇒ 가격↑

↓

바가지요금

시세보다 높은 가격 ×

소비자 바가지요금 수용 이유

교환으로 이득 발생

⇒ 바가지요금: 소비자 피해 ×

↓

바가지요금: 잘못된 명칭, 정의

진정한 바가지요금: 사기(품질, 브랜드 등)

# 제5장

# 수요탄력성은 소득 · 가격 · 조세부담에 어떤 영향을 주는가?

15강 _ 풍년이 들면 농민들은 무조건 좋아하는가?: 수요탄력성 I (농부의 역설)

16강 _ 철도요금이 주말에 왜 비싼가?: 수요탄력성 II (가격차별)

17강 _ 부자가 구입하는 명품 등에 대한 세금부과로 누가 피해를 보는가?: 조세의 전가와 귀착

# 15강 풍년이 들면 농민들은 무조건 좋아하는가?: 수요탄력성 I (농부의 역설)

풍년으로 콧노래라도 나올 것 같은 농민의 얼굴에는 미소는커녕, 수심이 가득한 표정으로 "올해 농사는 풍년인데도 불구하고 오히려 판매수입이 줄어들어 농협에서 빌린 영농자금이라도 갚을 수 있을지 모르겠어!" 라고 하면서, 담배 한 대를 물고 먼 하늘만 물끄러미 바라보는 근심이 가득한 농민의 표정이 클로즈업되는 TV뉴스의 한 장면을 볼 수가 있다.

일반적으로 풍년이 되면 수확량이 증가하여 농민의 수입이 상승할 것으로 생각하는데, 오히려 수입이 감소했다는 푸념이 왜 나올까?

풍년이 되어 공급량이 증가하여 가격이 많이 하락했기 때문일까? 일견 그렇게 생각할 수도 있다. 하지만 아니다. 가격이 하락하게 되면 판매량 즉 수요량은 증가하므로 판매수입〔=가격×판매량(수요량)〕이 반드시 감소한다고 생각할 수 없기 때문이다.

우리는 앞에서 수요의 법칙에서 살펴 본 바와 같이 소비자들이 어떤 상품의 가격이 하락하면 수요량을 증가시키고, 반대로 가격이 상승하면 수요량을 감소시킨다는 것을 알았다. 그러나 상품의 가격변화에 대한 소비자들의 반응정도는 상품의 종류에 따라 상당한 차이가 있다. 이를 우리는 수요에 대한 가격탄력성(이하, 가격탄력성)이라 부른다. 가격변화에 대한 수요량의 변화정도를 나타내는 것으로서, 수요량의 변화율을 가격의 변화율로 나눈 값(즉, 수요량의 변화율/가격의 변화율)이다. 대개 생활필수품 같은 것은 가격변화에 대한 수요량의 변화정도가 작지만, 사치품 같은 것은 가격변화에 대해 수요량의 변화정도가 크게 나타난다.

그러면 이러한 탄력성의 개념을 가지고 실제로 가격이 변화했을 때, 판매수입과의 관계는 어떠한지 알아보기로 하자.

가격의 하락률보다 수요량의 증가율이 크다면 판매수입은 증가하고, 반대이면 수입은 감소하며, 같을 때는 수입이 변하지 않는다. 가격의 변화율에 비해 수요량의 변화율이 클 때, 즉 수요가 가격에 민감할 때 수요가 탄력적(elastic)이라고 한다. 반면 가격의 변화율에 비해 수요량의 변화율이 작을 때, 즉 수요가 가격에 민감하지 않을 때 수요가 비탄력적(inelastic)이라고 한다. 같을 때 단위탄력적(unitary elastic)이라고 한다. 따라서 수요가 탄력적일 때, 가격이 하락하면 가격의 하락률보다 수요량의 증가율이 크기 때문에 수입이 증가하고, 가격이 상승하면 가격의 상승률보다 수요량의 감소율이 크기 때문에 수입이 감소한다. 수요가 비탄력적일 때, 가격이 하락하면 수입이 감소하며 가격이 상승하면 수입이 증가한다. 수요가 단위탄력적일 때, 가격이 상승하든 하락하든 가격의 변화율과 수요량의 변화율이 같기 때문에 수입의 변화가 없다.

그러면 농산물의 수요는 어떠한가? 탄력적인가, 비탄력적인가 아니면 단위탄력적인가? 예를 들어, 주식으로 하는 쌀의 가격이 하락한다고 하루의 식사량을 대여섯 끼로 증가시키지 않으며, 거꾸로 가격이 오르더라도 두 끼나 한 끼로 줄이지 않기 때문에 가격 변화에 비해 수요량의 변화는 별로 크지 않다.[1] 이와 같이 쌀과 같은 생필품은 수요가 비탄력적이다. 따라서 풍년이 들면 공급이 증가하여 가격이 하락하더라도 수요량이 크게 증가하지 않기 때문에 오히려 수입이 감소하는 것이다. 거꾸로 흉년이 되면 공급이 감소하고 가격이 상승하더라도 수요량이 별로 감소하지 않으므로 수입이 증가하게 된다. 물론 모든 농부의 수입이 증가하는 것이 아니다. 수확량이 크게 감소한 농가는 수입이 줄어들게 된다. 전체 농가소득이 늘어난다는 것이다. 풍년이 들면 전체 농가소득이 감소하고 흉년이 들면 농가소득이 증가하는 이유는 농산물에 대한 수요가 비탄력적, 즉 가격에 민감하지 않기 때문이다.

흔히 우리는 바겐세일 등을 통해서 매출액을 증가시키고자 한다. 그러나 과연 가격을 내린다고 매출액이 증가할까? 방금 위의 예에서 보듯이 수요가 비탄력적이면 매출액은 오히려 줄어든다. 가격하락을 통해 매출액을 증가시키려는 박리다매(薄利多賣) 전략이 성공하려면 가격의 하락률보다 수요량(판매량)의 증가율이 커야 한다. 다시 말하자면, 그 상품의 수요가 탄력적, 즉 가격에 민감해야 한다.

그렇다면 어떤 상품이 수요탄력적일까? 즉, 가격변화에 수요변화가 민감한가?

이를 파악하기 위해 수요탄력성에 영향을 주는 요인을 살펴보자.

---

1 주식으로 사용하는 쌀의 양은 변하지 않더라도 떡, 막걸리 등의 다른 용도의 사용량이 약간 변할 수는 있다.

첫째, 밀접한 대체재가 많은지 적은지 또는 있는지 없는지이다. 가격이 상승하여 그것을 구입하기 어려우면 그것을 대체할 수 있는 저렴한 것을 구입하는 식으로 우리는 대응하고, 가격이 하락하면 대체재를 사용하던 소비자들이 보다 저렴해진 이 재화를 구입하는 식으로 대응한다. 따라서 대체재가 많으면 수요가 탄력적이다. 반면 대체재가 없다면 가격이 상승하더라도 대체할 수 있는 것이 없으므로 수요가 줄더라도 크게 줄지 않는다. 담배나 휘발유 같은 경우 마땅한 대체재가 없으므로 가격이 오르더라도 수요가 크게 줄지 않으므로 수요가 비탄력적이다.

둘째, 생필품인가 아니면 사치품인가이다. 위에서 본 바와 같이 생필품인 쌀은 가격이 상승하더라도 수요가 크게 변하지 않으므로 비탄력적이다. 반면, 다이아몬드 같은 사치품들은 가격이 많이 오르면 그것이 없더라도 살아가는 데 큰 불편이 없어 수요가 격감하므로 탄력적이다.

셋째, 어떤 상품에 대한 지출이 소득에서 차지하는 비중이다. 우선 고가품과 저가품 중 어느 것이 탄력적일까? 100만원짜리 TV가 10% 상승하여 110만원이 될 경우와 100원짜리 연필이 똑같이 10% 상승하여 110원이 될 경우 어느 것의 수요량이 더 많이 감소할까? TV가 더 많이 감소할 것이다. 왜냐하면, TV를 구입하려면 전보다 10만원을 더 포기해야 되는 반면 연필은 10원만 포기하면 되기 때문이다. 소득에서 차지하는 비중이 큰 고가품은 가격변화에 민감하다. 즉, 탄력적이다.[2] 이와 같이 지출이 큰 품목들은 가격변화에 민감하다.

방금 고가품은 탄력적이고 저가품은 비탄력적이라고 했다. 하지만 교통요금이나 라면 값이 조금만 올라도 아우성을 친다. 교통요금, 라면

2 이같은 논리는 같은 상품에서도 적용된다. 같은 상품이더라도 가격이 높아질수록 보다 탄력적이 된다.

가격은 낮지만 이런 것들의 수요는 탄력적이다. 즉, 가격변화에 매우 민감하다. 왜 그런가? 이런 재화들에 대한 지출은 반복적으로 이루어지므로 한 달간 지출액은 크기 때문이다.

또한 저소득층은 가격에 민감하여 수요가 탄력적이다. 어떤 상품에 대해 똑같은 지출을 하더라도 그 지출이 그들의 소득에서 차지하는 비중이 높기 때문이다. 예를 들어, A의 소득은 100만원이고, B의 소득이 200만원일 때, 어떤 상품의 가격이 20만원이라면 그 상품에 대한 지출이 소득에서 차지하는 비중을 비교해 보면 A는 20%이고 B는 10%이다. 따라서 A와 같은 저소득층은 같은 상품을 같은 가격으로 구입하게 되면 B에 비해 남은 소득이 훨씬 적어지기 때문에 가격에 민감하다.

넷째, 적응기간이다. 사람들은 어떤 사건이 일어날 때 즉각적으로 대응하기보다는 시간을 두고 지켜보면서 대응을 하는 경향이 높다(물론 즉각적으로 대응하는 사람도 없지는 않지만). 따라서 적응기간이 수요탄력성에 영향을 준다. 어떻게 영향을 주는가? 기름 가격이 높아진다고 금방 수요량이 격감하는가? 만약 기름보일러 사용자가 즉각적으로 대응하여 연탄보일러로 대체하였는데 얼마 지나지 않아 다시 기름 값이 하락하게 되면 그는 보일러 대체비용만 낭비하게 된 것이다. 따라서 기름 값이 계속 높게 유지될 것이라는 판단이 설 때까지는 관망하면서 단지 기름을 절약하여 사용하므로 수요는 조금 줄어들 뿐이다. 그러다 고유가가 지속될 것이라는 판단이 서면 비로소 대체를 하게 되고, 그때부터 수요는 격감하게 된다. 그리고 시간이 지남에 따라 새로운 대체재들도 많이 개발되어 수요량이 더욱 더 격감할 수 있다. 이와 같이 적응기간이 길수록 수요탄력성이 높아지는 것이다. 여기서 우리는 또 하나의 교훈을 얻을 수 있다. "서두르는 것이 비싸게 치인다!" 세상에 공짜는 없는 것이다. 서두르는 만큼 대가를 치루는 것이다.

한편, 현실에는 수요가 비탄력적인 특성을 이용하여 매점매석(買占賣惜)으로 돈을 벌려고 시도하는 사람들이 나타날 수 있다. 매점매석이란 재화를 사서 창고에 쌓아두고 공급물량을 조절하여 가격을 오르게 한 후에 되팔려는 전략이다. 따라서 매점매석은 가격이 오르더라도 수요가 별로 감소하지 않는 비탄력적인 특성을 지닌 상품에 효과가 있다. 앞서 본 바와 같이 생필품은 수요가 비탄력적이므로 매점매석 전략의 주 대상이 된다. 명절 때 제수용품에 대한 매점매석행위는 그 한 예가 될 수 있다. 제수용품은 아무리 비싸도 사용할 수밖에 없는 수요의 비탄력적인 특성 때문에 연례행사처럼 발생하는 것이다. 이와 같은 매점매석에 대해 대다수 사람들은 다음과 같은 부정적인 시각을 갖고 있다. 매점매석은 인위적으로 가격을 폭등시켜 시장질서를 교란시키면서 서민들의 생활을 불안정하게 한다. 따라서 단속해야 한다. 그러나 이런 주장에는 문제가 있다. 왜냐하면, 그들이 가격을 상승시킬 수 있는 것은 수요가 비탄력적이기 때문이다. 수요를 비탄력적으로 만든 것은 매점매석을 하는 상인이 아니라 바로 소비자들이다. 따라서 소비자들이 스스로 수요를 탄력적으로 만들면 상인들은 가격을 상승시킬 수 없다. 예를 들어, 매점매석으로 가격이 높아지면 기존 제수용품의 수요량을 격감시키거나 또는 제사상이 빈약하여 아쉬우면 제수용품을 다른 것들로 대체함으로써 제수용품에 대한 수요를 탄력적으로 변화시킬 수 있다. 그렇게 할 수 있는데도 불구하고 하지 않는 것은 수요를 탄력적으로 변화시키는 것보다 비탄력적으로 두는 것을 소비자 스스로 선호하는 것이다. 상인들은 단지 소비자의 선호에 따라 매점매석행위를 할 뿐이다. 따라서 매점매석을 단속하는 것은 오히려 소비자의 선호를 침해할 수도 있는 것이다.

## 15강 개요

| 대중생각: 풍년 → 농가소득 증가 |
|---|
| ⇒ 풍년은 농민에게 유리 |

↓

| 풍년 발생의 효과 |
|---|
| 풍년 → 공급 증가 → 가격 하락, 판매량 증가 → 농가소득? |

↓

| 농가소득 | |
|---|---|
| 수요 탄력적 | 가격 하락(소득 감소분) 〈 판매량 증가(소득상승분) ⇒ 소득 증가 |
| 수요 비탄력적 | 가격 하락(소득 감소분) 〉 판매량 증가(소득상승분) ⇒ 소득 감소 |

↓

| 농산물: 일반적 수요 비탄력적 |
|---|
| 풍년 ⇒ 농가소득 감소 |

| 수요탄력성 |
|---|
| 가격변화에 대한 수요량의 반응정도 |

↓

| 수요 탄력적 | 가격변화율 〈 수요량(판매량) 변화율 |
|---|---|
| 수요 비탄력적 | 가격변화율 〉 수요량(판매량) 변화율 |
| 수요 단위탄력적 | 가격변화율 = 수요량(판매량) 변화율 |

MEMO

# 16강 철도요금이 주말에 왜 비싼가?: 수요탄력성 II (가격차별)

철도요금이 주말엔 비싸고 주중에는 싸다. 왜 그럴까? 대부분 주말에는 이용객이 많고 주중에는 이용객이 적기 때문이라고 한다. 즉, 주말에는 수요가 많고 주중에는 수요가 적기 때문이라고 한다. 10강에서 우리는 수요가 증가하면 초과수요가 발생하여 가격이 상승하고 수요가 감소하면 초과공급이 발생하여 가격이 하락한다는 것을 보았다. 따라서 그 주장은 타당한 것처럼 보인다.

하지만 다음과 같은 문제점을 제기할 수 있다. 우리들은 일반적으로 사과가격이 높아지면 상대적으로 가격이 낮아진 배로 수요를 대체한다. 마찬가지로 주말에 요금이 높으면 요금이 낮은 주중에 이용하려고 한다. 그렇게 되면 주말에 수요가 감소하므로 높은 가격을 유지할 수 없다. 따라서 주말에 수요가 많기 때문에 주말에 높은 요금을 부과한다는 주장은 타당성이 없다. 또한 주말에도 빈자리들이 많은 채 운행되는 열차들이 많이 있다. 이런 현상 역시 주말에 수요가 많기 때문에 요금이 높다는 주장의 타당성을 부인하는 것이다.

그렇다면 어떻게 주말 요금을 높게 설정할 수 있을까? 주말 이용객

다수는 주중에 이용할 수 없고 주말에만 이용할 수 있는 사람들이다. 그들에게는 철도이용에 있어서 대체할 수 있는 날이 없는 것이다. 즉, 대체재가 없는 것이다. 따라서 앞강에서 본 바와 같이 그들은 대체재가 없기 때문에 수요가 상당히 비탄력적이다. 수요가 비탄력적일 때는 어떻게 하면 판매수입이 증가되었는가? 가격을 상승시키는 것이다. 이와 같이 주말 이용객들의 수요가 비탄력적이기 때문에 주말요금이 비싼 것이다. 반면 주중 이용객들은 어떤 요일이든 이용할 수 있는 사람들이므로 대체제가 풍부하여 수요가 탄력적이다. 따라서 판매수입을 증가시키기 위해 그들에게 낮은 요금을 부과하는 것이다.

따라서 철도요금이 주말에는 높고 주중에 낮은 이유는 주말에는 수요가 많고 주중에는 수요가 적기 때문이 아니라 주말 이용객의 수요는 비탄력적이고 주중 이용객의 수요는 탄력적이기 때문이다.

이와 같이 동일한 상품에 대하여 소비자들에 따라서 다른 가격을 부과하는 것을 가격차별이라 한다. 가격차별은 차별을 하지 않는 것에 비해 더 많은 수입을 획득할 수 있다. 따라서 어느 기업도 가격차별을 할 수 있으면 하려고 한다. 하지만 가격차별은 흔한 현상이 아니다. 많은 재화들이 소비자에게 동일한 가격을 부과한다. 이것을 일물일가(一物一價)[1]라고 한다. 일물일가가 성립하는 이유는 다음과 같다.

대구의 사과가격이 1,000원이고 대구 근교인 경산의 사과가격이 800원이라면 어떤 일이 발생할까? 경산에서 구입하여 대구에서 팔면 이익을 얻을 것이다. 따라서 경산 사과의 수요는 증가하고 대구 사과의 공급은 증가할 것이다. 따라서 경산의 사과가격은 상승하고 대구의 사과가격은 하락할 것이다. 이런 차익거래(일명 중재거래)는 두 지역의 사

1 한 가지 물건에 하나의 가격이란 뜻이다.

과가격이 같을 때까지 계속된다. 따라서 두 지역의 사과가격은 같아지는 것이다. 이와 같이 차익거래가 존재하기 때문에 일물일가가 일반적인 현상이다.

그렇다면, 더 많은 수입을 획득할 수 있는 가격차별은 어떤 경우에 가능할까? 다음과 같은 조건을 갖추어야만 가능하다.

첫째, 판매자는 시장 지배력을 가지고 있어야 한다. 만약 시장 지배력을 갖지 못하여 경쟁이 치열할 경우 일부 고객들에게 가격을 상승시키면 그들은 다른 판매자에게 구입하므로 가격을 높일 수 없기 때문이다.

둘째, 수요탄력성에 따라 소비자집단을 구분할 수 있어야 한다. 판매수입을 증가시키기 위해서는 수요탄력성에 따라 가격차별을 해야 하기 때문이다.

셋째, 재판매가 불가능해야 한다. 만약 재판매가 가능하다면 높은 가격으로 구매할 수밖에 없는 소비자는 낮은 가격으로 구매한 사람에게 약간의 차액을 제공하고 구입하려고 할 것이다. 그 결과 높은 가격으로는 팔리지 않고 낮은 가격으로만 팔리므로 수입이 일물일가에 비해 오히려 감소할 것이기 때문이다.

넷째, 가격차별로 추가되는 수입이 차별에 소요되는 비용보다 높아야 한다. 만약 차별비용이 100이고 차별로 인한 추가수입이 60이라면 차별함으로써 오히려 수입이 일물일가에 비해 40만큼 낮아진다.

한편 성인에게는 높은 요금을, 청소년 및 학생에게 낮은 요금을 적용하는 경우를 극장이나 대중교통에서 볼 수 있다. 이 역시 가격차별인데, 이것은 기업이 수입을 높이기 위해 하는 것이 아니라 용돈이 적은 청소년이나 학생들에게 도움을 주기 위해서 가격을 할인해 주는 것이 아닌가라고 생각할 수도 있다. 그러나 그렇지 않다.

그들에게 할인하는 이유는 그들이 성인에 비해 수요가 탄력적이기 때문이다. 그들은 성인에 비해 용돈이 적기 때문에 상대적으로 소득이 낮다. 따라서 앞강에서 본 바와 같이 저소득층인 그들은 가격에 민감하므로 수요가 탄력적이다. 이와 같이 청소년 및 학생이나 저소득층에게 할인을 하는 이유는 그들을 어여삐 여겨서가 아니라 수입을 확대하기 위해서이다. 이런 경우 판매자는 칭찬도 듣고 돈도 더 벌어 꿩 먹고 알 먹는 식이다. 이러한 할인은 아직 소득이 없는 학생들에게 요금을 낮게 함으로써 학부모님들의 가계경제에 다소나마 도움을 주려는 정부의 의지가 담겨 있지만, 실제로는 가격차별전략을 앞세워 이윤을 극대화하려는 경제적 동기에서 나타나는 시장현상이지, 저소득자나 경제적 약자들을 돕기 위한 자선행위에서 나온 것은 아니다. 더더욱 정부의 입김 때문만도 아니다.

다음으로 이러한 가격차별에는 어떤 종류가 있을까?

가격차별에는 차별의 강도에 따라 모두 3가지의 형태로 나눌 수 있다.

첫째, 1급 가격차별로 생산자인 기업이 자신의 상품에 대한 수요자의 소비 패턴을 완벽하게 파악하고 있어, 상품 1단위마다 분리하여 각각의 소비자에게 각각 다른 가격을 부과하는 형태를 말한다. 완벽(완전) 가격차별(perfect price discrimination)이라고도 한다. 수요자의 소비 패턴을 완벽하게 파악하고 있어 각각의 소비자가 지불할 용의가 있는 가격까지 최대한 높게 매겨 완벽한 가격차별을 할 수가 있는 형태이다. 이것은 우리가 가정할 수 있는 가장 극단적인 가격차별의 형태인데 현실에서는 그 예를 찾기가 어렵다고 할 수 있다.

둘째, 2급 가격차별이다. 위의 1급 가격차별처럼 상품 1단위마다 분리하여 각각 다른 가격을 매길 수 있을 정도로 철저하게 가격을 차별한다는 것은 현실적으로 불가능하다고 할 수 있다. 따라서 그것보다 차별강도를 조금 약하게 하여 상품의 수요량에 대해 몇 개의 구간으로 나누어 각 구간마다 다른 가격을 책정하는 형태로 구간 간의 가격을 설정하는 방식을 말한다. 즉, 수요량의 일정한 구간을 정하여 차등하여 각각 다른 가격을 매기는 것이다.

예를 들면, 10개 이하를 구입할 경우에 각 800원으로 판매하고, 10개를 초과하여 구입할 경우에 10개까지는 800원으로 판매하고 초과하는 양에 대해서 500원으로 판매하는 것이다. 현실에서는 이것을 응용하여 묶음판매를 시행한다. 10개 묶음은 8,000원으로 판매하고 20개 묶음은 16,000원이 아니라 13,000원에 판매한다. 이런 묶음판매는 10개를 각 800원에 판매하고 초과하는 10개를 각 500원에 판매한 것과 똑같은 판매수입을 가져다주는 효과를 초래한다.

셋째, 3급 가격차별이다. 이 형태는 소비자를 몇 개의 그룹으로 나누어 다른 가격을 부과하는 것이다. 2급 가격차별이 상품으로 구분하였다면, 3급 가격차별은 소비자들을 구분한 점이 서로 다르다. 위의 철도요금이나 대중교통요금의 가격차별처럼 소비자의 수요탄력성에 따라 같은 제품을 상이한 가격으로 판매하는 것이다.

한편 상인들이 판매수입을 증대시키기 위해 할인쿠폰을 발행하는데, 이 할인쿠폰이 어떻게 판매수입을 증대시키는 역할을 할까? 할인으로 가격이 낮아지므로 판매량이 증대하기 때문이라고 생각하기 쉽다. 하지만 앞강에서 본 것처럼, 가격이 하락하더라도 수요량이 많이 증가하지 않으면 수입은 오히려 감소한다. 따라서 위의 대답은 타당하지 않다. 그렇다면 할인쿠폰의 발행이 어떻게 수입을 증가시키는 역할을 하는가? 상인들은 할인쿠폰을 통해서 소비자의 수요탄력성을 파악할 수 있다. 가격에 민감한 소비자는 할인쿠폰을 꼭 챙겨오고, 가격에 민감하지 않는 소비자는 할인쿠폰을 챙겨오지 않는다. 따라서 할인쿠폰을 가져오는 소비자는 수요가 탄력적이고, 그렇지 않는 소비자는 비탄력적이다. 판매수입을 증가시키기 위해서는 탄력적인 소비자에게는 낮은 가격을 부과하고 비탄력적인 소비자에게는 높은 가격을 부과해야 한다. 따라서 할인쿠폰을 챙기는 탄력적인 소비자에게 할인하여 낮은 가격을 부과하는 것이다. 이와 같이 상인들은 할인쿠폰을 통하여 소비자의 수요탄력성을 파악하여 가격차별을 함으로써 수입을 증대시킬 수 있다.

그러면 가격차별이 우리 사회전체적인 후생면에서 평가하면 어떤 결과를 초래할까?

소비자의 입장에서 보면 기업들의 가격차별전략은 별로 달갑지 않게 생각할 수 있는 부정적인 측면을 가지고 있다. 기업이 가격차별을 통해 이윤을 더 큰 폭으로 확대시키고 있다고 믿기 때문이다.

그러나 꼭 그런 것만은 아니다. 수요자의 지불의사에 따라 가격을 책정하므로 소비계층이 확대될 수도 있고 이것은 부의 재분배 측면에서도 바람직한 측면으로 평가할 수 있다. 예를 들어, 시골에 위치한 병원 같은 곳은 단일가격을 고수하면 손님이 적어 병원이 파산할 수 있으므로 시골 환자들은 의료혜택을 볼 수 없게 될지도 모른다. 이런 경우 가격차별은 의사뿐만 아니라 시골의 환자 모두에게 혜택이 돌아가는 효율적인 가격관리정책이 될 수 있다.

## 16강 개요

대중 생각: 주말 수요 많음 → 요금 높음

↓

요금 상승 → 낮은 요금(주중)으로 이동 → 수요 감소 → 요금 하락
⇒ 수요 많음(수요 증가) → 요금 높음 ×

↓

| 이용객 수요 탄력성 | |
|---|---|
| 주말 이용객 | 주중 이용 불가: 대체 요일 없음 → 수요 비탄력적 |
| 주중 이용객 | 주중 주말 이용 모두 가능: 대체 요일 많음 → 수요 탄력적 |

↓

| 수요 탄력적 | 가격 하락 → 수입 증가 |
|---|---|
| 수요 비탄력적 | 가격 상승 → 수입 증가 |

↓

| 주중 | 낮은 요금 부과 |
|---|---|
| 주말 | 높은 요금 부과 |

MEMO

# 17강 부자가 구입하는 명품 등에 대한 세금부과로 누가 피해를 보는가?: 조세의 전가와 귀착

우리는 흔히 부담능력이 큰 부자들에게 세금을 많이 내도록 하기 위한 하나의 방법으로 부자들이 구입하는 명품 등에 대해 세금을 많이 부과한다. 그런데 이런 과세가 과연 그 목적을 달성할 수 있는가?

이를 파악하기 위해 명품에 대해 조세를 부과할 경우 어떤 상황이 전개되는지를 살펴보자. 먼저 정부는 어떤 방식으로 세금을 부과하는지 간략히 보자. 정부는 세금을 부과할 때 판매자 또는 생산자에게 부과할 수 있고, 소비자에게 부과할 수도 있다. 전자를 판매세라고 하며, 후자를 소비세라고 한다. 호텔 커피숍의 커피에 대한 세금이 전형적인 소비세이다. 메뉴를 보면 커피 한 잔에 7,000원이라고 적혀 있는데, 계산할 때 소비세 700원을 포함해 7,700원을 받는다. 반면 판매세를 부과하면 판매세 700원을 포함하여 메뉴에 가격을 7,700원이라고 적고, 계산할 때 7,700원을 받는다. 어느 경우에나 호텔이 세금을 제외하고 실질적으로 받는 가격은 7,000원으로 똑같고, 소비자가 실질적으로 지불하는 가격도 7,700원으로 어느 경우에나 똑같다. 일반적으로 가격이란 소비자가 지불하는 가격이다.

이제 명품에 대한 세금의 효과를 분석해보자. 먼저 판매세를 부과하는 것으로 상정하여 분석해보자. 판매세를 부과하면 판매자는 세금만큼 가격 상승을 시도할 것이다. 그러나 가격 상승은 조세만큼 일어나지 않는다. 조세만큼 가격이 상승하면 소비가 줄어들어 초과공급이 발생하고, 그것을 해소하는 과정에서 가격이 어느 정도 하락하기 때문이다. 물론 이 과정에서 소비는 다시 약간 늘어나지만 과세 이전에 비해 감소한다. 이와 같이 조세를 부과할 경우에, 가격은 조세만큼 상승하지 않지만, 판매량과 생산량이 줄어든다.

이번에는 소비세를 부과하는 경우를 살펴보자. 소비세를 부과하면 소비자는 소비세만큼 실질적으로 지불하는 가격이 상승하므로 소비를 감소시킨다. 그 결과 시장에서 초과공급이 발생하고 가격은 어느 정도 하락한다. 따라서 (소비자가 지불하는) 가격은 소비세만큼 상승하지 않는다. 물론 이 과정에서 소비는 다시 약간 늘어나지만 과세 이전에 비해 감소한다. 이와 같이 조세를 부과할 경우에, (소비자가 지불하는) 가격은 조세만큼 상승하지 않지만, 판매량과 생산량이 줄어든다.

이와 같이 판매세를 부과하거나 소비세를 부과하거나 가격과 판매량 (및 생산량)에 미치는 효과는 똑같다. 그래서 정부는 판매세와 소비세 중 어느 것이 조세저항이 낮아서 세수확보가 용이한 것인지를 고려하여 그 둘 중 하나를 택하는 것이다.

위의 결과를 토대로 하여, 명품에 대해 세금을 부과할 경우, 명품 소비자인 부자와 명품 생산업체 및 근로자들은 어떤 영향을 받는지를 분석해보자. 첫째, 가격이 세금만큼 상승하지 않고, 판매량과 생산량이 줄어들기 때문에 기업의 수익성이 악화된다. 둘째, 기업 수익성의 악화로 근로자들의 임금이 하락하고, 일부 근로자들은 해고를 당하게 된다.

따라서 명품에 대해 과세를 하면 부자들로부터 세금을 징수하므로 일견 부담능력이 큰 부자들에게 세금을 많이 내도록 한다는 목적은 달성되는 것처럼 보이지만, 다른 한편으로는 그들에 비해 소득이 낮은 생산업체 및 근로자들이 피해를 보기 때문에 그 목적이 달성되는 것이 아니다.

한편 위에서 본 것처럼 명품에 대해 세금을 부과할 경우, 소비자와 판매자(또는 생산자) 둘 다 조세를 부담한다. 이와 같이 조세를 당사자[1]가 다 부담하지 않고 타인에게 그 부담의 일부 혹은 전부가 이전되는 것을 조세의 전가(tax shifting)라 한다. 그리고 소비자와 판매자(또는 생산자)가 조세를 각각 부담하는 몫을 조세의 귀착(tax incidence)이라고 한다.

그렇다면, 조세의 귀착 정도는 어떻게 되는가? 즉, 소비자와 판매자 중 누가 세금을 더 많이 부담하고 누가 적게 부담하는가? 조세 부과로 가격이 조세만큼 상승하면 소비자가 다 부담하고 생산자는 부담하지 않는다. 따라서 가격 상승분만큼 소비자가 부담하고 나머지는 판매자가 부담한다는 것을 알 수 있다. 가격 상승의 정도는 수요탄력성과 공급탄력성에 달려 있다.

15강에서 본 것처럼, 탄력성이 크다는 것은 가격변화에 대해 민감하게 반응한다는 것을 의미한다. 세금부과로 가격이 상승할 때, 수요가 탄력적인 소비자들은 소비를 많이 감소시키므로 가격이 크게 상승할 수 없다. 반면, 비탄력적인 소비자들은 소비를 별로 감소시키지 않으므로 가격이 크게 상승할 수 있다. 따라서 수요가 탄력적일수록 가격 상승은 작아진다.

---

1 당사자란 판매세인 경우 판매자, 소비세인 경우 소비자를 칭한다.

판매자는 가격을 조세만큼 상승시킬 수 있다면 수익성에 변화가 없으므로 공급변화를 시도하지 않을 것이다. 하지만 일반적으로 가격을 조세만큼 상승시킬 수 없으므로 수익성이 떨어진다. 수익성이 떨어지면 공급을 줄이고자 한다. 가격변화에 민감한 판매자, 즉 공급이 탄력적인 판매자는 공급을 많이 감소시킨다. 따라서 가격이 크게 상승할 수 있다. 반면, 비탄력적인 판매자는 공급을 별로 감소시키지 않으므로 가격 상승이 별로 크지 않다. 그러므로 공급은 탄력적일수록 가격 상승은 커진다.

이와 같이 수요는 비탄력적일수록, 공급은 탄력적일수록 가격 상승이 커지고, 그 결과 소비자의 조세부담은 많고 판매자의 조세부담은 적다. 명품 같은 사치재는 수요가 탄력적이므로 가격상승이 적다. 따라서 소비자의 조세부담은 작고 판매자의 조세부담은 크다. 그 결과 판매자의 수익성이 크게 떨어질 뿐만 근로자의 임금이 크게 낮아지거나 근로자의 해고가 아주 많이 발생할 수 있다.

아울러 수요가 비탄력적일 뿐만 아니라 공급이 탄력적이라면 가격 상승은 더욱 커지고, 그 결과 소비자의 조세부담은 더욱 커지고 판매자의 부담은 더욱 작아진다. 이 경우를 보면, 탄력적인 판매자의 부담이 적다. 따라서 다음과 같은 결론을 도출할 수 있다. 상대적으로 탄력적인 집단이 조세부담을 적게 하고, 상대적으로 비탄력적인 집단이 많이 부담한다. 그러므로 수요와 공급이 모두 탄력적이거나 또는 모두 비탄력적이더라도 상대적으로 탄력성이 낮은 집단이 조세를 더 많이 부담한다는 것을 알 수 있다.

위의 논리를 적용하여, 임대소득세의 효과를 분석해보자. 세입자와 임대소득자 간의 조세부담률은 임대주택의 수요탄력성과 공급탄력성의 상대적 크기에 달려 있다. 일반적으로 임대주택의 수요는 비탄력적이다. 왜냐하면, 주거에 대한 수요는 물과 같이 다른 것을 포기하고서도 소비하려고 할 정도로 강력하여, 집주인이 높은 집세를 부르더라도 조금 낮추어달라고 요청을 할지언정 적은 평수나 환경이 나쁜 곳으로 이사를 하는 경우는 아주 드물기 때문이다. 임대주택의 공급도 일반적으로 비탄력적이다. 왜냐하면, 단기간에 임대주택의 공급이 별로 변하지 않기 때문이다.

만약 수요의 비탄력성이 공급의 비탄력성보다 크다면, 공급이 상대적으로 탄력적이기 때문에 세입자의 조세부담이 크다. 즉, 세입자에게 임대소득세가 많이 전가된다. 반면, 수요의 비탄력성이 공급의 비탄력성보다 작다면, 수요가 상대적으로 탄력적이기 때문에 세입자의 조세부담이 작다. 즉, 세입자에게 임대소득세가 적게 전가된다.

특히, 공급이 전혀 변동하지 않아 완전 비탄력적이면 세입자에게 전가가 전혀 일어나지 않는다. 즉, 임대소득세를 임대소득자가 다 부담한다. 일부 학자나 정치가들은 임대주택의 공급이 완전 비탄력적이기 때문에 임대소득세를 부과하더라도 세입자에게 피해를 주지 않는다고 주장한다. 하지만 현실에서 임대주택의 공급은 완전 비탄력적이 아니다. 왜냐하면, 임대소득세만큼 높아진 집세를 받지 못할 경우 임대하지 않으려고 하거나 상대적으로 수익성이 높은 용도로 전환하려고 하는 임대소득자가 상당히 존재하기 때문이다. 또한 이런 이유로 공급이 비탄력적이라 하더라도 상대적으로 수요보다는 탄력적일 가능성이 높다. 그 결과 세입자에게 임대소득세가 많이 전가될 것이다. 즉, 집세가 아주 많이 상승할 것이다.

이상에서 본 바와 같이, 조세가 부과되면 전가가 발생하고, 귀착의 정도도 수요탄력성과 공급탄력성에 따라 다르다. 이것은 다음과 같은 시사점을 제시하고 있다.

첫째, 정치인이나 일반인이 생각하는 것처럼 특정집단에 조세를 부과하더라도 그 집단이 모두 부담하는 것이 아니라 그 집단과 거래하는 다른 집단들도 반드시 부담하게 된다.

둘째, 부과대상 집단보다 다른 집단이 더 큰 부담을 지는 경우도 아주 많이 발생한다.

따라서 일반 대중을 위해 특정대상에 조세를 부과하는 것이 오히려 일반 대중에게 더 큰 피해를 입힐 수 있다는 점을 우리 모두는 유의해야 할 것이다.

오늘날 부자에 대한 증세의 한 방안으로 법인세의 인상이 주장되고 있다. 법인세가 높아지게 되면 일시적으로 세수 증대는 가져올 수 있으나 수익성의 감소와 재투자할 적립금의 감소로 중 · 장기적으로는 고용안정 및 경제성장에 악영향을 미칠 수 있다는 점도 인식하여야 할 것이다. 따라서 이런 점을 고려하여 정책을 입안하거나 요청해야 할 것이다.

# 17강 개요

**사치세 부과 목적**

부자에게 조세 부과

↓

**사치세 부과**

사치재 수요 감소 → 사치재 가격 하락 → 사치재 공급자 이윤 감소 → 사치재 생산 감소 → 사치재 요소수요 감소 → 임금 등 요소가격 하락

↓

**사치세 부과 효과**

사치재 생산업체 · 근로자 소득 감소

↓

**원래 목적과 달리 타인도 부담**

조세 전가

MEMO

# 제6장
# 투기꾼과 중개인은 타인에게 피해를 주는가?

## 18강 밭떼기하는 투기꾼 때문에 농부와 소비자가 피해를 보는가?: 투기

"밭떼기로 농부와 소비자들이 피해를 본다."는 기사를 우리는 자주 목격한다.

우선 농부와 관련한 기사를 보면 다음과 같다. 과거 기사의 내용은 주로 밭떼기하는 투기꾼들은 돈이 궁한 농부들에게 헐값으로 구매하기 때문에 농부들이 피해를 본다는 것이다. 이런 부정적인 사고는 많이 없어졌지만, 만약 농산물가격이 급등을 하면 농부가 피해를 본다는 기사와 주장이 여전히 대두된다. 농가가 얻는 소득이 소비자들에게 판매되는 가격 중 아주 적은 부분에 해당되기 때문이다. 최근 기사의 내용은 주로 밭떼기 하는 투기꾼들이 시장여건이 자신들에게 불리할 경우 계약대로 이행하지 않거나 파기하기 때문에 농부들이 피해를 본다는 것이다.

한편 소비자와 관련한 기사를 보면 다음과 같다. 밭떼기하는 투기꾼들의 사재기 때문에 농작물 가격이 폭등하여 소비자들이 피해를 본다. 투기꾼이 사재기를 하여 물량을 조절하기 때문에 가격이 폭등하고 그 결과 소비자들이 피해를 본다는 주장이다.

이상과 같이 우리는 밭떼기를 하는 투기꾼에 대해 굉장히 부정적인 시각을 갖고 있다. 이런 시각에 대해 경제논리에 입각하여 검토해 볼 필요성이 있다. 왜냐하면, 이런 부정적인 시각이 그릇된 시각이라면 부정적인 시각에 입각한 대책은 우리 모두에게 피해를 줄 수 있기 때문이다.

밭떼기에 관해 검토해 볼 주제는 크게 3가지이다.
첫째, 농부는 왜 밭떼기로 판매를 할까?
둘째, 밭떼기하는 투기꾼 때문에 가격이 상승하는가?
셋째, 밭떼기에 관한 계약의 불이행 및 파기가 왜 발생하나?

먼저, 첫째 주제부터 검토해 보자. 농부는 왜 밭떼기로 판매할까? 돈이 궁하고 급해서일까? 그렇게 생각할 수도 있다. 그러나 현재 농부들은 돈이 궁하면 농협을 비롯하여 대출받을 수 있는 금융기관이 많이 있고, 실제로 그 기관들을 통해서 대출을 받고 있다. 물론 신용불량으로 대출을 못 받을 수도 있지만 그들은 극소수에 지나지 않는다. 대다수는 금융기관을 통해서 대출을 받을 수 있는데도 불구하고 밭떼기로 판매하고 있다. 따라서 문제의 핵심을 파악하기 위해서는 금융기관을 통해서 대출을 받을 수 있는데도 불구하고 밭떼기로 판매하는 이유를 탐구해야 한다.

농부들은 농작물을 수확한 후에 판매하지 않고 농작물의 재배를 시작하거나 혹은 시작하기 전에 왜 판매를 하는가? 농부들은 수확기에 판매하는 것보다 그 이전, 즉 재배 시초기 혹은 재배 직전에 판매하는 것이 자신들에게 이득이 된다고 판단하기 때문이다. 그러면 그들은 왜 수확기에 판매하는 것이 손해라고 판단하는가? 수확기가 되었을 때 농작물 가격이 예상외로 급락할 가능성이 상존하기 때문이다. 누구라도 현재 시점에서 미래에 대해 정확히 예측하는 것은 불가능하다. 왜냐하면 미래에는 불확실성이 존재하기 때문이다. 이것이 인간세상이다. 농부들은 미래 수확기에 자신들의 정상이윤을 획득할 정도로 가격이 형성되거나 혹은 그보다 높은 가격이 형성된다면 자신들에게 득이 될 수 있지만, 만약 가격이 폭락하면 그들은 손실을 피할 수 없거나 심지어 파산을 하게 된다. 수확기에 판매한다면 득을 볼 수도 있고 손실을 볼 수도 있다. 그들은 항상 미래의 불확실성 속에서 이득을 볼 기회뿐 아니라 손실과 파산이라는 위험에도 직면하고 있다. 따라서 위험회피적인 농부들은 미래가격 변동에 따른 위험을 회피할 수 있다면 그 방법을 선택할 것이다. 마치 우리가 미래 사고에 따른 위험을 회피하기 위해 보험에 가입하는 것처럼. 물론 위험선호적인 농부들은 위험회피적인 방법을 선택하지 않을 것이다.

농작물의 미래가격 변동에 따른 위험을 회피하는 방법이 바로 수확기 이전에 밭떼기로 미리 판매하는 것이다. 밭떼기로 계약하는 시점에 가격이 미리 정해진다. 수확기에 실제 시장가격이 계약시점의 가격보다 내리든 오르든 관계없이 계약시점의 가격으로 거래된다. 수확기의 가격이 하락하더라도 농부는 그 가격하락으로 인한 피해는 보지 않는다. 그 피해는 밭떼기로 구입한 투기꾼이 부담한다. 대신에 투기꾼은 자신들의 예상대로 구입한 가격 이상으로 수확기에 가격이 상승한다면 그들은 돈을 벌게 되는 것이다. 만약 이런 득이 없고 손실만 부담한다면 밭떼기를 하는 투기꾼은 존재하지 않게 될 것이고, 위험회피적인 농부들은 미래가격 변동에 따른 위험을 회피할 수 없게 될 것이다. 농부들은 위험을 회피하는 대가로 투기꾼에게 가격상승에 따른 이득을 얻을 기회를 제공한다. 수확기에 가격이 폭등함으로써 농부들이 피해를 보는 것처럼 보이지만 사실은 위험을 회피한 것이다. 따라서 밭떼기하는 투기꾼은 농부의 미래가격 변동에 따른 위험을 대신 떠맡는 역할을 한다. 마치 보험회사와 같은 역할을 하는 것이다. 밭떼기하는 투기꾼이 항상 돈을 버는 것은 아니다. 미래가격에 대한 예상이 잘못되면 그들은 손해를 본다. 마치 보험회사가 사고확률을 너무 낮게 예측함에 따라 손실을 보는 것처럼. 이와 같이 농부들은 미래가격 변동에 대한 위험을 회피하고 농작물 경작으로부터 안정적인 소득을 획득하기 위해 밭떼기로 미리 판매한다.

이제 둘째 주제를 검토해 보자. 밭떼기하는 투기꾼 때문에 가격이 상승하는가? 가격은 수요와 공급에 의해 결정된다. 가격의 상승 요인은 수요가 증가하거나 공급이 감소할 경우이다. 냉해, 장마 등의 기상조건이 악화되면 흉작이 됨으로써 공급이 감소한다. 이런 경우 투기꾼의 사재기에 관계없이 가격은 상승한다. 특히 농작물은 필수재적인 성격으로 수요가 비탄력적이기 때문에, 즉 가격이 상승하더라도 수요량이 별로 감소하지 않으므로 공급이 감소할 경우 가격은 급등하는 경향이 있다. 이와 같이 일반적으로 농작물 가격이 급등하는 이유는 기상악화로 인한 공급의 감소 때문이다.

또한 수요가 증가하면 가격 역시 상승한다. 수요증가 요인은 여러 가지가 있으나 문제의 초점인 투기꾼의 사재기 역시 수요증가 요인이다. 따라서 투기꾼의 사재기 때문에 가격이 상승한다는 주장은 일견 타당한 것으로 보인다. 하지만 투기꾼의 사재기로 인한 수요증가로 가격이 상승하는 현상이 발생하더라도 우리가 투기꾼의 사재기 때문에 가격이 폭등한다는 결론을 내리는 것은 눈에 보이는 빙산의 일각만 보고 빙산의 크기를 판단하는 우를 범하게 되는 것이다.

우리는 투기꾼들이 왜 사재기를 하는지를 살펴보아야 한다. 그들이 사재기를 하는 이유는 명백하다. 싸게 구입하여 비싸게 팔아서 그 차익을 남기려고 하는 것이다. 이것은 모든 비즈니스의 원칙이며 투기꾼에게만 특별한 것이 아니다. 그렇다면 그들은 왜 농작물이 지금은 싸고 나중에 비싸질 것이라고 판단하는가? 그들이 사재기를 하여 비싸질 때까지 출하를 지연시킴으로써 공급을 감소시킬 수 있기 때문인가? 물론 공급을 어느 정도 감소시킬 수는 있겠지만 그 영향력은 별로 크지 않을 것이다. 그들이 모든 물량을 사재기할 수는 없기 때문이다. 설령 그들이 모든 물량을 사재기 하더라도 어느 정도 가격이 상승하면 그들 중 일부는 물량을 출하하기 시작한다. 왜냐하면 가격이 너무 상승하면 판매량의 격감으로 판매수입이 감소하기 때문이다. 농작물이 일반적으로 수요가 비탄력적이라 하더라도 가격이 너무 높게 상승하면 탄력적으로 변하기 때문이다. 또한 가격이 높아지면 외국 등으로부터 공급이 증가하여 가격이 하락할 수 있기 때문이다. 따라서 그들은 인위적으로 물량을 조절하여 자신들이 원하는 높은 가격으로 보유물량을 판매할 수 없다.

그렇다면 어떻게 그들은 현재 구입가격보다 나중에 더 비싸게 팔 수 있다고 판단할 수 있을까? 다시 말하면 그들은 어떻게 미래가격의 상승을 예측하는가? 그들은 기상조건과 재배지역 등에 대한 정보를 파악하여 미래의 생산과 공급을 예측하고 그에 따른 미래가격의 상승과 하락을 예측한다. 만약 그들의 예측이 틀린다면 엄청난 손해를 볼 것이기 때문에 엄청난 비용을 들여 미래를 예측한다. 만약 올해 기상조건이 악화될 것이고 그에 따라 작황이 좋지 않을 것으로 예상되면 수확기에 가격이 상승할 것으로 판단한다. 만약 그들 예상대로 흉년이 들게 되면 가격이 상승하여 그들은 사재기를 통해 돈을 벌게 될 것이다. 그러나 예상과 달리 풍년이 되면 가격은 상승하지 않거나 하락하여 그들은 손해를 보게 된다. 따라서 농작물의 가격이 폭등을 하는 이유는 흉년으로 인해 공급이 감소하기 때문이지 투기꾼의 사재기 때문이 아니다.

한편 투기꾼의 사재기는 그들이 의도한 것은 아니지만 사회적으로 아주 중요한 역할을 한다. 가령 배추가 기상여건 등으로 인해 김장철에 출하할 수 있는 양이 수요에 비해 아주 적을 것으로 예상된다고 하자. 투기꾼들은 김장철 이전에 출하되는 배추를 구입하여 저장했다가 김장철에 판매하면 구입가격보다 높은 가격에 판매하여 차익을 얻을 수 있다는 판단을 하고 배추를 구입한다. 그 결과 김장철 이전에 배추가격은 상승한다. 이를 두고 투기꾼의 사재기 때문에 가격이 폭등한다고 한다. 물론 그들의 사재기에 따른 가수요(假需要)로 현재 가격은 상승한다. 그러나 김장철이 되어 출하량이 적어 가격이 상승하게 되면 투기꾼들은 차익을 얻기 위해 그들이 보유한 물량을 출하하기 시작하고 따라서 가격은 서서히 하락하게 된다. 여기서 우리는 투기꾼의 또 따른 역할을 파악할 수 있다. 그들이 존재함으로써 김장철 배추가격이 하락하게 된다는 점이다(물론 김장철 이전의 배추가격은 상승한다). 통념과는 달리 투기꾼이 존재함으로써 가격변동의 폭이 오히려 감소하고 가격의 안정화가 이루어지는 것이다. 즉, 투기꾼들은 이시점(異時點, 현재시점과 미래시점) 간의 가격을 안정화하는 역할을 하는 것이다. 또한 그들은 상대적으로 풍부한 시기에 절약을 시켜 부족한 시기에 절약한 것을 사용할 수 있도록 한다. 만약 김장철 이전에 그들이 사재기를 하지 않았다면 김장철 이전의 배추는 이미 다 소비되었을 것이고, 김장철에는 배추가 많이 부족했을 것이다. 그들은 상대적으로 풍부한 시점에 사재기를 통해 절약을 하여 상대적으로 부족한 시기에 공급함으로써 부족분을 감소시킨다. 즉, 그들은 이시점 간의 자원배분을 효율적으로 유도한다.

이와 같이 투기꾼은 사회적으로 유용한 역할을 한다. 첫째, 미래가치 변동에 따른 위험을 떠맡는다. 둘째, 이시점, 즉 현재시점과 미래시점 간 가격을 안정시킨다. 셋째, 이시점 간 자원배분을 효율적으로 유도한다. 비록 그들이 이런 역할을 시도한 것은 아니다. 우리는 어떤 집단의 사회적 역할을 그들의 의도만으로 파악해서는 안 된다. 누구나 자신의 이익을 위해 행동한다. 중요한 것은 개인의 의도가 아니라 사회적 결과이다. 우리는 투기꾼에 대해 부정적인 시각으로 가득 차 있다. 그래서 그들을 투기가 또는 투기자라 부르기보다는 투기꾼으로 부른다. 꾼자가 붙은 것은 모두 나쁜 의미가 담겨 있다. 노름꾼, 사기꾼 등.

이제 밭떼기에 관한 계약의 불이행 및 파기가 왜 발생하는지를 검토해 보자. 원래 계약을 불이행할 경우에는 그에 따른 손해배상의 원칙이 존재한다. 그런데도 불구하고 이런 일이 발생하는 것은 그런 계약이 구두로 이루어지는 경우가 많기 때문이다. 구두로 한 계약에 대해서 현행 법체계 하에서는 구속력이 없다. 이에 대한 대책으로 정부는 밭떼기 계약은 반드시 서면계약으로 하라고 권고하고 있다. 농부들도 구두계약의 불이행과 파기에 대해서 구속력이 없다는 인식을 하고 손해를 보지 않으려면 반드시 서면계약을 이행해야 할 것이다.

한편 상품 투기는 이런 긍정적인 역할을 하지만 부동산투기는 그렇지 않으므로 부동산투기는 규제해야 한다는 주장이 있다. 부동산투기로 실수요자들이 집을 구입하지 못하거나 더 높은 가격으로 구입해야 한다는 주장이다. 일견 이 주장은 맞는 것처럼 보이지만 그렇지 않다.

이런 주장은 부동산투기에서 발생하는 즉시적인 효과만 보기 때문에 나온 것이다.

이를 파악하기 위해 부동산투기가 발생하는 상황을 분석해 보자. 아파트 같은 부동산에 대한 투기가 발생하는 것은 미래에 아파트에 대한 수요의 증가로 아파트가 부족하여 가격이 상승할 것이라고 예상하기 때문이다. 가격상승으로 인한 차액을 얻기 위해 투기꾼들이 아파트를 구입하게 됨으로써 아파트 가격은 상승하게 된다. 그 결과 실수요자는 구입을 못하거나 높은 가격을 지불해야 한다. 이런 즉시적인 효과만 보면 위의 주장은 일리가 있다. 하지만 부동산시장에서는 계속하여 다음과 같은 상황이 전개된다. 얼마 후 투기꾼의 예상대로 실수요자의 수요가 증가하여 가격이 상승하면 투기꾼은 차액을 얻기 위해 구입한 집들을 매각하면서 가격은 하락한다. 만약 투기꾼들이 보유를 하지 않았다면 실수요 증가로 인한 부동산가격은 계속 높게 될 것이다. 이와 같이 투기꾼이 부동산에 투기함으로써 미래의 부동산가격은 덜 상승하게 되고 실수요자는 보다 낮은 가격으로 구매할 수 있다.

또한 투기꾼으로 인해 아파트 가격이 상승함으로써 건축업자들의 수익성이 제고됨으로써 아파트 건축이 늘어난다. 그 결과 미래 실수요자가 증가할 때쯤 신축 아파트들이 완공되어 공급됨으로써 아파트 가격은 예상보다 적게 상승한다. 그 결과 역시 실수요자는 상대적으로 낮은 가격에 구매할 수 있다.

이와 같이 부동산에 대한 투기도 상품에 대한 투기와 마찬가지로 똑같은 긍정적인 효과를 초래한다. 부동산 투기에 대한 부정적인 견해는 근시안적인 시각 때문이다. 부동산에 대한 투기는 상품에 대한 투기와 다른 부정적인 효과만을 초래한다는 주장은 그릇된 것이다.

그러나 부동산시장에서 투기로 인한 부정적인 효과만 초래하는 경우가 발생할 수 있다. 정부가 분양가 상한제를 실시할 경우이다. 하지만 이 경우에 발생하는 투기는 실제로 투기가 아니라 차익거래이다. 우리는 흔히 투기와 차익거래를 혼동하고 있다. 투기는 불확실성하에 이루어지는 것이다. 투기는 차익을 얻기 위해 하는 행동이지만 예상과 달리 손실을 볼 수 있는 가능성이 존재하는 것이다. 반면 차익거래(중재거래 혹은 재정거래: arbitrage)는 불확실성이 없이 반드시 차익을 보는 거래이다. 차익거래는 투기와 달리 또 다른 역할을 한다. 16강에서 본 바와 같이, 일물일가의 법칙이 성립하도록 한다. 지역에 관계없이 한 가지 물건에 한 가지의 가격이 형성되도록 한다.

하지만 부동산시장에서 정부의 규제로 발생하는 차익거래는 부정적인 효과를 초래한다. 위에서 언급한 것처럼, 정부가 분양가 상한제를 시행하는 경우에 투기를 가장한 전형적인 차익거래가 발생한다. 분양가 상한제를 시행하는 경우 그 가격은 일반적으로 시장가격보다 낮다. 따라서 누구든지 당첨만 되면 커다란 차익을 얻을 수 있다. 일견 그런 차익을 얻기 위해 분양을 받으려는 행위를 보통 투기라고 하지만 이 행위는 투기가 아니다. 손실을 볼 가능성, 즉 불확실성이 없기 때문이다. 이 행위는 물에 빠져 익사할 위험이 전혀 없는 땅 짚고 헤엄치기 하는 것과 똑같이 불확실성하의 위험이 없다. 이런 차익거래가 발생하는 이유는 정부가 시장에 개입한 결과이다. 이로 인한 차익거래는 가격 상한제로 인한 부정적인 경제적 효과뿐만 아니라 또 다른 부정적인 영향을 준다. 전 국민을 그들이 말하는 투기꾼으로 만들어 생산적인 활동을 꺼리게 만든다.

분양가 상한제가 적용되지 않을 때 가격 상승을 예상하여 분양을 받으려는 행위는 투기이다. 당첨이 되어 향후 차익을 얻기 위해 매도하려고 할 때 시장가격이 분양가 이하가 되어 손실을 볼 가능성이 존재하기 때문이다. 우리는 그런 경우를 최근에 많이 목격하고 있다. 주식의 경우 전형적인 투기이다. 차익을 얻기 위해 오르리라고 구입을 했지만 예상과 달리 오히려 하락하여 손실을 보는 경우가 허다하다.

이와 같이 차익거래는 일반적으로 일물일가를 형성시키는 역할을 하지만 정부의 간섭으로 인한 차익거래는 그런 역할을 하는 것도 아니고, 또한 투기행위도 아니므로 투기의 긍정적인 역할을 하는 것도 아니다.

투기행위로 차익을 볼 수도 있고 손해를 볼 수도 있다. 차익과 손해의 근원은 미래 예측에 달려 있다. 예측을 잘할 경우 차익을 얻지만 그렇지 않을 경우 반드시 손해를 본다. 따라서 아무나 투기꾼으로 성공할 수 있는 것이 아니다. 미래 예측을 잘할 경우 투기꾼으로 성공하고 그런 성공적인 투기꾼 덕택으로 위에서 언급한 긍정적인 효과를 얻을 수 있기 때문에 선진국에서는 투기에 대한 규제가 없다.

투기가 이런 긍정적인 역할을 하더라도 공직자가 되기 위해서 투기 전력이 없어야 된다는 것은 또 다른 문제이다. 다만 투기가 나쁘기 때문에 투기 전력이 공직자 인사청문회 통과의 장애요인으로 포함되어야 한다는 사고는 문제가 있다. 투기가 나쁜 것이 아니지만 공직자가 되려면 투기전력이 없어야 한다는 또 다른 이유를 우리는 제시해야 할 것이다.

## 18강 개요

| 투기(꾼) |
|---|
| 가격 폭등 ⇒ 실수요자 및 생산자 피해 |

↓

| 투기(꾼)의 역할 |
|---|
| 1) 미래가치 변동에 따른 위험을 부담<br>2) 현재시점과 미래시점 간 가격안정화<br>3) 현재시점과 미래시점 간 효율적인 자원배분 |

↓

| 투기(꾼) |
|---|
| 실수요자 및 생산자: 피해 × 이득 ○ |

| 부동산 투기 |
|---|
| 상품투기와 다른 역할: 부정적 효과 |

↓

| 부정적 효과의 원인 |
|---|
| 정부규제(분양가 상한제 등)로 인한 차익거래 발생 |

| 투기와 차익거래의 차이 | |
|---|---|
| 투기 | 차익획득을 위해 행동하지만<br>손실도 발생할 가능성 있음 |
| 차익거래 | 손실 없이 차익만 발생 |

↓

| 부동산 투기 |
|---|
| 상품투기와 같은 긍정적 역할 |

MEMO

# 19강 생산자와 소비자 간 직거래가 양자 모두에게 이득인가?: 상인 및 중개인의 역할

우리는 흔히 다음과 같은 표현을 많이 하고 듣는다. 소비자와 생산자 간 직거래가 이루어지지 않고 상인(중간상인 및 소매상인)을 통한 간접 거래를 하기 때문에 소비자와 생산자는 피해를 보고 상인만 득을 본다. 이런 주장이 과연 옳은가? 이를 검토해 보자.

영천에서 과수원을 하는 필자의 친구가 수확기 어느 날 대구에 거주하는 나에게 전화를 해서 다음과 같은 말을 했다. 과수원에 와서 사과 두 박스를 가져가라고 했다. 나는 고맙다고 답을 했다. 필자는 사과를 가져왔을까? 친구의 호의에도 불구하고 가져오지 않았다.

왜 그랬을까? 친구의 사과를 가져오는 것이 필자 거주지 주변의 가게에서 사과를 구입하는 것보다 더 많은 비용이 소요되기 때문이다. 구체적으로 언급하면, 친구의 과수원에 가면 사과를 공짜로 얻을 수 있지만 대신에 자동차 운행에 따른 유류비와 다녀오는 시간이 많이 소요되어, 유류비와 시간의 비용이 필자 거주지 주변가게에서 사과를 구입하는 비용보다 높기 때문이다.[1]

1 물론 그럼에도 불구하고 친구의 과수원에 방문할 수도 있다. 이런 경우는 친구를

이것은 무엇을 의미하는가? 소비자가 생산지에 가서 구입하는 것이 반드시 득이 아니라는 것을 보여주고 있다. 따라서 일반적으로 소비자는 생산지에 가서 직접 구매하려고 하지 않는다. 그렇다면 생산자가 소비지에서 직접 판매할 수도 있다. 이 경우에도 소비자가 무조건 이득을 보는가? 이 경우 생산자는 상인에 매도하는 가격보다는 높지만 소비자가 상인에게 구입하는 가격보다는 낮게 판매할 것이다. 따라서 소비자가 이득을 본다는 결론을 내리 수 있다. 하지만 이런 경우 소비자가 희생하는 것이 전혀 없는가? 이를 파악하기 위해 아파트에서 일주일에 한 번씩 직거래 장터를 여는 경우, 어떤 상황이 전개되는지를 살펴보자. 소비자들은 상대적으로 낮은 가격으로 구입하기 위해 지정된 날짜를 기다려야 한다. 필요시 물건 구입을 적절히 할 수 없다. 또한 물건 구입 후 하자가 있으면 다음 직거래일까지 기다려 반품해야 한다. 심지어 그 생산판매자가 다음에 나타나지 않을 수도 있다. 이와 같은 불편과 희생을 소비자가 겪게 되므로 소비자에게 무조건 이득이 되는 것이 아니다. 따라서 소비자들은 직거래 장터를 이용하는 경우보다 거주지 주변 상설 가게의 상인으로부터 구입하는 경우가 흔한 것이다.

생산자들도 직거래를 하는 것이 무조건 이득인가? 직거래를 하기 위해 그들이 포기하는 것이 있다. 직거래를 하기 위해 장터에 오는 날, 그들은 생산활동에 참여하지 못함으로써 생산활동에 지장을 받으며, 수송비의 부담도 발생한다. 따라서 생산자들이 직거래하는 것이 상인들에게 판매하는 것보다 이득이 낮아지는 경우가 일반적이다. 그러므로 생산자들은 직거래보다 상인들에게 판매하는 경우가 흔한 것이다.

---

만나는 즐거움과 교외로 드라이버하는 즐거움의 가치가 필자 거주지 주변가게에서 구입함으로써 얻는 이득보다 크게 되는 상황이다.

이와 같이 일반적으로 직거래가 소비자나 생산자에게 득보다는 손실을 가져다준다. 그래서 일반적으로 상인을 통해 유통이 이루어지는 것이다. 상인들이 없게 된다면 소비자와 생산자는 더 큰 비용을 치르게 된다.

그렇다면 상인들을 통하여 생산자와 소비자가 더 낮은 비용을 치르게 되는 이유는 무엇인가? 첫째, 중간상인들은 생산지에서 소비지로 수송하는데 규모의 경제를 가지고 있기 때문이다. 개별 생산자는 한 번에 적은 양을 이동시키므로 단위 수송비가 높은 반면에 중간상인들은 많은 양을 이동시키므로 단위 수송비가 낮다. 둘째, 소매상인들은 지정된 장소에서 상시로 판매하기 때문에 소비자가 원하는 시기에 구입을 할 수 있는 편리를 제공하고, 하자가 있을 경우 즉시 또는 단기에 반품 및 교환할 수 있는 편리도 제공하기 때문이다.

이상에서 본 바와 같이, 생산자의 생산으로부터 소비자의 구입에 이르기까지, 즉 재화의 거래가 이루어지기 위해서는 많은 행동들이 수반되고 그 과정에서 비용이 발생한다. 이런 비용을 거래비용이라고 한다. 상인들은 위에서 언급한 이유로 거래비용을 절감시키고 있다. 따라서 소비자와 생산자는 상인을 통하면 직접 거래보다 더 많은 이득을 누릴 수 있기 때문에 우리 스스로가 상인을 찾아간다. 만약 그들이 이런 역할을 하지 않는다면 우리는 그들을 찾지 않을 것이고 이 세상에는 상인이 존재하지 않을 것이다. 상인을 통해서만 거래를 해야 한다는 법이나 강제규정이 없는데도 불구하고 그들이 존재한다는 사실은, 그들이 소비자나 생산자에게 해를 주는 존재가 아니라 이득을 제공하는 존재라는 것을 입증하고 있는 것이다.

우리는 가끔 매스컴에서 중간상인의 농간 혹은 착취 등의 타이틀로 보도되는 뉴스를 접할 수가 있다. 그러나 위에서 본 바와 같이 중간상인은 소비자나 생산자를 착취하지 않고 그들에게 오히려 이득을 주고 있다. 그런데 어떻게 이런 뉴스가 나오고 이런 상황이 전개될 수 있는가? 중간상인들 간에 경쟁이 제한되는 독점적 요소가 존재하는 경우에 가능하다. 이런 경우 중간상인은 독점력을 이용하여 생산자에게 낮은 가격으로 매입하고 소매상에게 높은 가격을 부여할 수 있기 때문이다. 중간상인이 독점력을 가지는 이유는 진입장벽이 존재하는 경우이다. 진입장벽이 발생하는 이유는 정부가 특정 중간상인에게 전매권을 부여하거나 중간상인이 직접 폭력 등으로 위협하여 다른 상인이 진입할 수 없게 만들기 때문이다.

한편 우리는 집을 매매 또는 임대할 때 부동산 중개인을 이용한다. 왜 그럴까? 그 이유를 파악하는 가장 간단한 방법은 그들이 없다면 과연 어떤 일들이 벌어지는지를 상상해 보는 것이다. 만약 중개인이 없는 경우, 우리는 직접 거래를 해야 할 것인데, 집을 매매하는 경우를 생각해 보자. 만약 우리가 아파트를 구매하려고 한다면 아파트 가가호호를 다니면서 물어보아야 하고, 만약 팔 사람을 찾았다고 하더라도 그 사람이 어느 정도 신용이 있는지? 설사 계약을 하더라도 계속 유효하게 지속될 수 있는지, 등기소에 가서 또 다른 사람과 이중계약을 해서 다른 사람이 먼저 등기이전을 하지는 않았는지 등의 감시·감독을 스스로 해야 하니, 계약을 한 이후로 온갖 걱정으로 밤잠을 이루지 못할 것이다. 마찬가지로 팔려는 사람도 유사한 행위와 걱정을 할 것이다.

이와 같이 직접 거래를 할 경우에는 우리는 위와 같은 거래비용을 치르게 된다. 그런데 중개인을 통하게 되면 거래비용을 상당히 절감하게 된다. 거래비용을 절감할 수 있는 이유는 중개인들이 매매 물건에 대한 정보수집에 있어서 전문성과 규모의 경제를 통해 보다 낮은 비용으로 획득할 수 있기 때문이다. 이와 같이 중개인을 통하면 우리가 직접 거래하는 것보다 보다 낮은 거래비용이 소요되기 때문에 중개인을 우리 스스로가 찾아가는 것이다. 만약 그들을 통하는 것이 더 높은 거래비용을 치르게 된다면, 우리가 그들을 찾지 않을 것이고 이 세상에는 중개인이 존재하지 않을 것이다. 중개인을 통해서만 거래를 해야 한다는 법이나 강제규정이 없는데도 불구하고 그들이 존재한다는 사실은, 중개인들이 상인들과 마찬가지로 구매자나 판매자에게 해를 주는 존재가 아니라 이득을 제공하는 존재라는 것을 입증하고 있는 것이다. 상인들도 재화를 생산자와 소비자 간에 거래를 중개하는 기능을 하므로 광의로 중개인에 포함된다.

이와 같이 중개인들은 거래비용을 절감시키는 생산적인 경제활동을 수행하면서 경제적 기여를 하고 있는 것이다. 우리는 단순히 제조업자(공장사장)만이 생산적이라는 편견에서 벗어나야 한다. 제조업자가 원료를 가지고 완제품을 만들어 부가가치를 창출하기 때문에 생산적인 것과 마찬가지로 중개인들도 부가가치를 창출하기 때문에 생산적이다. 중개인들은 누가 가장 값싸게 판매하려는지, 누가 가장 값비싸게 구매하려고 하는지에 대한 정보를 수집해서 상품을 가장 싸게 공급하려는 생산자로부터 가장 비싸게 구입하려는 소비자에게 이동시킴으로써 해당 상품의 가치를 높여 부가가치를 증대시킨다. 따라서 우리는 중개인이 비생산적이라는 사고로부터 탈피하여야 한다. 그들이 존재하기 때문에 교환이 성사되거나 촉진된다.

## 19강 개요

| 직거래 |
|---|
| 생산자, 소비자 모두 이득? |

↓

| 직거래: 거래비용 발생 | |
|---|---|
| 생산지 구입 | 생산지 파악, 생산지 이동 |
| 소비지 판매 | 소비지 파악, 소비지 이동 |

↓

| (중간)상인 |
|---|
| 거래비용 절감: 규모의 경제, 전문화<br>⇒ 소비자, 생산자 모두 이득<br>상인의 존재 이유 |

↓

| 직거래 |
|---|
| 생산자, 소비자 모두 이득 × |

↓

| 중개인(부동산, 취업 등) |
|---|
| 거래비용 절감 ⇒ 수요자, 공급자 이용 |

| 중개인(상인)의 착취 발생원인 |
|---|
| 중개인(상인)들 간 경쟁 제한: 정부 개입 |

# 제7장

# 정부는 시장에 왜 간섭하는가?

# 20강 나대지에 세금을 부과해야 하는가?: 자원배분의 효율성

우리는 보통 나대지에 대해 부정적인 견해를 갖고 있다. 나대지를 이용하면 우리 인간에게 농작물이나 주택 등 재화를 제공할 수 있기 때문이다. 따라서 나대지를 이용하도록 나대지세를 부과하고 있다. 또한 이런 나대지가 발생하는 중요한 이유가 투기 때문이라고 주장한다. 투기꾼들이 투기적 매매를 촉진하기 위해 토지를 이용하지 않고 나대지로 둔다는 것이다. 만약 기존 소유자가 임대를 주면, 새로운 매입자가 사용하려고 할 때, 기존의 임차인이 그 이전의 소유자와 계약한 대로 임대보증금과 파종한 농작물에 대한 피해보상금을 받고 토지이용을 포기해야 되는데 포기하지 않고 이용을 방해하는 경우가 허다하게 발생하여 매매를 불가능하게 만들기 때문이다. 따라서 투기꾼들은 임대를 하기보다는 나대지로 둔다. 그러므로 투기를 억제하고 토지이용을 위해 나대지에 세금을 부과한다.

18강에서 살펴 본 것처럼 투기는 중요한 경제적 역할을 한다. 따라서 투기를 억제하기 위해 나대지에 세금을 부과하는 것은 옳지 않다. 그러나 투기꾼 때문에 나대지가 발생한다는 점은 고찰할 필요가 있다. 만약 투기꾼이 토지를 소유하지 않고 실수요자가 소유할 경우, 그 토지가 나대지가 되지 않고 이용될 수 있다면, 투기꾼의 소유로 토지이용에 문제가 발생하기 때문이다. 그러나 투기꾼이 보유하는 토지를 나대지로 두는 이유는 위에서 언급한 것처럼 임차인이 계약대로 시행하지 않기 때문이다. 이렇게 임차인이 계약의 이행을 늦추거나 불이행하는 것은 그에 따른 처벌이 신속히 이루어지지 않기 때문이다. 따라서 투기꾼이 소유한 토지가 나대지로 있는 이유는 투기꾼 때문이라기보다는 계약불이행에 대한 행정적·사법적 조치가 신속히 이루어지지 않기 때문이다. 그러므로 임차인이 계약대로 시행하지 않을 경우 그에 따른 처벌(즉, 집행과 보상)이 빨리 이루어지도록 행정적·사법적 조치가 이루어진다면 투기꾼이 보유한 토지에서 나대지가 발생하지 않을 것이다. 문제는 투기꾼이 아니라 정부이다.

계약 불이행에 따른 처벌이 신속하게 이루어지더라도 시장경제에서는 나대지가 발생할 수 있다. 토지가 이용되기 위해서는 토지 이외의 다른 요소가 필요하다. 농작물을 키우기 위해서는 노동, 경운기 등 농기계, 씨앗 등이 필요하다. 주택 등 건물을 짓기 위해서는 자재와 노동 등이 필요하다. 나대지를 이용하기 위해서 다른 요소들을 이용한다면 우리는 무엇인가를 포기해야 한다. 즉, 노동, 자재, 기계 등 다른 요소들이 다른 곳에 이용된다면 생산될 재화를 포기해야 한다. 예를 들면, 나대지세를 부과함으로써 도시 외곽의 나대지에 주택이 건설된다면 여기에 사용되는 자재와 노동으로 생산이 될 재화가 희생되는 것이다. 우리는 한 면만 봐서는 안 되고 다른 면도 동시에 보아야 한다.

그러면 세금부과 이전에 나대지였던 토지에 세금부과로 주택이 건축됨으로써 얻는 가치와 이로 인해 포기된 재화의 가치를 비교해 볼 필요가 있다. 어느 것이 가치가 클까? 그에 대한 답은 세금부과 이전에

이 토지가 왜 나대지였던가를 검토함으로써 알 수 있다.

경제원리에 따르면 나대지가 되는 이유는 다음과 같다. 토지소유자는 그 토지를 이용함으로써 얻는 가치(즉, 수입)가 그 토지를 이용하기 위한 (기회)비용을 초과하면 그 토지를 이용한다. 반대이면 그 토지를 이용하지 않는다. 나대지가 되는 이유는 수입보다 (기회)비용이 크기 때문이다. (기회)비용은 포기한 가치를 나타낸다. 즉, (기회)비용은 그 토지이용에 사용된 노동과 기타 자원들이 다른 것을 생산하였더라면 얻을 수 있는 가치이다. 따라서 나대지가 되는 것을 사회적으로 평가하면 그 토지이용으로 얻는 가치가 포기한 가치보다 작다는 것을 의미한다. 그러므로 나대지로 그냥 두는 것이 그 사회의 자원을 효율적으로(즉, 가치 있게) 사용하는 것이다. 오히려 나대지세를 부과하여 나대지를 이용하게 하는 것은 사회적으로 자원을 비효율적으로 사용하게 하는 것이다.

우리는 자원이 희소하므로 항상 효율적으로 사용하기 위해서는 편익뿐만 아니라 비용을 반드시 고려해야 한다. 어떤 경제학자도 이 점을 부인하지 않는다. 그럼에도 불구하고 토지경제학자들 중 일부는 토지이용에만 초점을 둠으로써 편익만 고려하고 비용을 고려하지 않고, 나대지로 두는 것이 비효율적이라고 주장한다. 이런 주장을 토대로 정부도 나대지세를 부과하고 있다. 눈에 보이는 효과만 고려하고 그로 인해 보이지 않는 부정적인 효과를 고려하지 않고 있다.

자원의 용도는 다양하기 때문에 자원을 어떤 용도에 사용함으로써 항상 포기되는 것이 있다는 점을 명심하고, 한 면만 봐서는 안 되고 다른 면도 동시에 보아야 한다. 시장에 맡겨 두면 일반적으로 편익과 비용이 동시에 잘 고려된다.

## 20강 개요

나대지

토지이용 × ⇒ 비효율적인 상태

↓

토지이용

타 자원도 함께 이용

⇒ 다른 재화 생산자원 이동

⇒ 다른 재화 생산 ↓

↓

시장경제에서 나대지 발생이유

다른 재화 생산가치 > 나대지 이용가치

↓

시장경제의 나대지

효율적인 상태

↓

나대지 세금 부과

비효율성 초래

↓

자원배분의 효율성

모든 부문 고려

투기꾼 소유로 인한 나대지

비효율적인 상태

↓

투기꾼 소유 시 나대지 발생원인

1) 다른 재화 생산가치 > 나대지 이용가치: 효율적

2) 임차인의 계약 불이행: 비효율적

↓

비효율적인 나대지 문제 해결방안

나대지세 부과 ×

계약 불이행시 정부 신속처리 ○

# 21강 정부는 왜 반독점법을 제정했는가?: 독점의 효과

대부분 국가에서 정부는 독점을 금지하는 반독점법을 제정하여 독점을 규제하고 있다. 정부는 이 법을 왜 제정했는가? 독점이 되면 경쟁보다 가격이 높아져서 소비자들에게 부담이 되기 때문일까? 소비자입장에서는 가격이 높아지므로 규제해야 한다고 주장할 수도 있지만 경제학자들은 독점규제의 의미를 가격상승과는 관련시키지 않는다.[1] 그렇다면 독점을 규제하는 근거는 무엇인가?

독점이 되면 진입장벽으로 경쟁이 제한됨으로써 자원배분의 비효율성을 초래하여 소비자주권이 실현되지 않기 때문이다. 독점기업은 경쟁자가 없으므로 소비자의 선호를 무시하거나, 비용절감을 위해 크게 노력하지 않는 방만한 경영을 하고, 또한 기술혁신의 유인도 낮다. 그 결과 독점기업은 자원이용의 비효율성을 초래한다. 따라서 효율적인 자원배분을 통한 소비자주권의 실현을 위해 독점을 규제하는 것이다.

시장에 맡겨 놓았을 때 자원배분이 효율적으로 되지 못하는 것을 시장실패(market failure)라고 한다. 위에서 본 바와 같이 시장이 경쟁적

1 규모의 경제로 인한 독점의 경우에는 경쟁에 비해 가격이 낮을 수 있다.

이지 못하면 자원배분이 비효율적으로 되므로 독점은 시장실패 원인의 하나가 된다.[2]

한편 정부는 오히려 독점을 허용하는 경우가 있다. 무엇 때문일까? 주로 효율성의 충족을 위해 허용된다. 이에 해당하는 것으로 자연독점, 특허권, 지식재산권, 자격증 및 면허제이다. 그리고 조세 충당의 목적으로 허용되는 경우가 전매권이다.

자연독점이란 어떤 산업에 규모의 경제가 작용되면 그 산업이 저절로 독점이 되는 것을 말한다. 규모를 확장하고 생산량을 증가시키면 평균비용이 하락하는 현상이 규모의 경제이다. 따라서 규모의 경제가 작동할 때 생산량을 증가시키면 평균비용이 하락하므로 그에 따라 가격을 낮출 수 있다. 그 기업이 가격을 하락시킴으로써 다른 기업이 도태되어 궁극적으로 그 산업은 독점이 된다. 이와 같이 규모의 경제가 작용하면 그 산업은 저절로, 즉 자연적으로 독점이 되므로, 이것을 자연독점이라고 한다. 이런 자연독점에 대해서 구태여 어느 기업에게 독점권을 부여하는 이유는 자연독점이 발생하는 과정에서 도태된 기업의 시설이 낭비되는데, 그런 시설의 낭비를 방지하기 위한 것이다. 우리나라도 개발 초기에 한국전력, 한국통신 등 규모의 경제가 작용하는 산업에 다른 기업의 진입을 막고 그들에게 독점권을 부여하였다.[3]

그러나 독점권이 부여되면 이 독점기업은 위에서 본 것처럼 자원의 비효율성을 초래할 수 있다. 이런 비효율성을 저지하기 위해 정부는

---

2 뒤에서 다루는 공공재와 외부효과도 시장실패이다.

3 현재 통신의 수요는 엄청나게 증가하여 한 기업이 통신사업을 할 경우 규모의 불경제가 발생하므로 독점권이 부여되면 문제가 된다. 현재는 KT, SK, LG 등 여러 기업이 존재하는 것이 효율적이다.

이런 기업에 대해 자원이 효율적이 되도록 가격을 규제한다. 효율성을 충족하기 위해 정부는 가격을 한계비용과 같도록 규제한다. 이런 경우 해당기업은 손실을 보게 되므로 그 손실분을 정부가 보조한다. 혹은 그 기업이 손실을 보지 않도록 정부는 가격을 평균비용과 일치하도록 규제한다. 이런 경우 약간의 비효율성이 초래될 수 있다.

특허권과 지식재산권은 일정기간 동안 특허나 지식재산권을 갖고 있는 자의 허락 없이 타인들이 그것을 이용할 수 없도록 하여 그 소유자에게 독점권을 부여하는 것이다. 이런 독점권을 부과하지 않을 경우 훌륭한 기술이나 저작이 이루어지지 않게 되고, 그 결과 좋은 품질이나 저렴한 가격을 제공하는 제품 및 저작물이 나오지 않게 된다. 그렇게 될 경우 소비자들이 그런 것들을 이용하지 못함으로써 소비자주권의 실현을 저해한다. 이런 이유로 특허권이나 지식재산권을 부여하여 일정기간 동안 소유주가 독점권을 행사하도록 한다.

자격증 및 면허제도 역시 그 소유자들에게 독점권을 행사하도록 허용하는 것이다. 그것을 시행하는 이유는 소비자에게 양질의 서비스를 제공하기 위한 것이다. 우리는 '돌팔이'를 없애야 한다고 흔히 말한다. 돌팔이는 무자격자를 의미하고, 이것은 구체적으로 어떤 부문에서 소비자들이 원하는 질적 수준에 미달한 사람을 의미한다. 따라서 소비자들에게 그런 양질의 서비스를 제공한다는 목적으로 정부가 면허제를 시행한다. 변호사와 판·검사 같은 법조인이 되는 자격을 부여하거나, 의사나 약사 같은 의료인이 되는 자격을 부여하는 등 여러 가지 자격증이 여기에 해당된다. 면허제는 실질적으로 정부가 부여하는 진입장벽으로 독점이다.

면허제는 일견 양질의 서비스를 제공하도록 함으로써 소비자의 선호를 충족시키는 것으로 보인다. 이런 면허제가 원래의 목적을 달성시키는 것인지를 살펴보자.

최근 로스쿨의 정원에 대해 각 대학들은 적어도 3,000명이 되어야 한다고 주장을 하는 반면, 법조인들은 1,000명으로 제한해야 한다고 주장했다. 법조인들이 그런 주장을 하는 이유를 보면, 법조인이 너무 많으면 저질의 변호사들이 나타나게 되어 고객들에게 양질의 변호서비스를 제공하지 못한다는 것이다. 뿐만 아니라 심지어 다급한 피의자들을 현혹시켜 높은 수임료만 챙기고 기대한 성과를 발휘할 수 없는 사기꾼 같은 변호사들이 등장한다는 것이다.

그러나 양질의 법조인을 배출하는 것과 법조인의 수와는 밀접한 관계가 없다. 양질의 법조인을 배출하기 위해서는 그에 해당하는 자질을 가진 사람들만 선발하면 될 것이다. 예를 들면 예년과 같은 난이도에서 기준점수를 획득하는 자들만 선발하면 될 것이다. 그럴 경우에 배출되는 법조인이 늘어날 수도 있고 감소할 수도 있다.

실제로 그들이 우려하는 것은 배출되는 법조인의 수가 증가할 경우 그들의 소득이 줄어들 가능성이 있기 때문이다. 법조인이 늘어나면 변호사가 필요한 시민들은 전에 비해 더 낮은 수임료로 양질의 서비스를 받을 수 있다. 기득권자인 기존의 법조인들은 진입장벽으로 독점이득을 계속 누리려고 하는 것이다. 만약 정부가 법조인들의 요구대로 배출되는 법조인의 수를 제약한다면 소비자의 선호를 무시하는 진입장벽을 설정하는 것이다. 법조인의 수는 그들이 정하는 것이 아니라 소비자의 선호에 부합하도록 결정되어야 할 것이다.

심지어 최근에 배출된 어느 법조인들이 6급 공무원으로 진출하는 것을 두고 법조인의 명예를 실추하는 행동으로 비난을 하며, 정부에 법조인을 채용할 경우 최소한 그보다 더 높은 직급을 부여해야 한다는 식으로 압박하고 있다. 왜 법조인들에게 어느 정도 이상의 직급이 부여되어야 하는가? 자유민주주의 및 자유시장경제 시대에 그들은 아직도 전근대적인 계급의식을 버리지 못하고 있는 것 같다. 그들의 부와 명예를 결정하는 것은 그들 자신이 아니라 소비자, 즉 국민들이라는 것을 모르는 것일까? 알면서도 권력으로써 억압하려는 것인가?

이상에서 본 바와 같이 현행 시행되고 있는 면허제 중 다수가 양질의 서비스 제공이라는 원래의 의도를 충족시키지 못하고 있다. 물론 현행대로 시행되면 양질의 서비스는 제공될 것이다. 하지만 양질의 서비스에 대해 높은 가격을 지불해야 한다. 소비자들은 양질의 서비스를 저렴한 가격으로 제공받을 수 있다면 이것을 더 선호한다. 따라서 소비자가 선호하는 양질의 서비스를 저렴한 가격으로 제공받을 수 있도록 면허제를 개선하여 시행하여야 할 것이다.

그러므로 소비자의 선호를 충족하는 효과를 달성하기 위해서는 면허제는 자질을 갖춘 사람을 선발하는 데 초점을 두고 운영되어야 할 것이다. 기득권의 이득을 위하여 면허수의 제한이 허용되어서는 안 될 것이다. 만약 대다수의 국민들이 양질의 서비스를 저렴한 가격으로 제공받는 것뿐만 아니라 저질의 서비스를 보다 저렴한 가격으로도 제공받기를 원한다면 면허제를 시행하지 않아야 할 것이다. 면허제로 그런 기회가 사라지기 때문이다(물론 대다수의 국민들이 그것을 원하지 않을 것이지만).

전매권은 정부가 특정 기업에게 생산과 판매에 대한 독점권을 부여하는 것이다. 이것은 효율성의 충족을 위해서라기보다는 정부가 조세를 확충하기 위한 방법이다. 정부는 해당기업에게 독점권을 부여하고 그 대신 조세를 높게 부과한다. 우리나라의 담배인삼공사가 여기에 해당한다.

이상에서 본 바와 같이 독점의 원인은 진입장벽이다. 진입장벽은 크게 두 가지로 나눌 수 있다. 법률적 진입장벽과 경제적 진입장벽이다.

경제적 진입장벽으로 독점이 실현되면 판매량 감소, 가격 상승을 통하여 비효율적인 자원배분을 초래한다고 일반적으로 되어 있으나, 실제적으로는 잠재적 경쟁으로 그런 행동이 불가능하다.[4]

오히려 법률적 진입장벽은 잠재적 경쟁을 막기 때문에 비효율성을 초래한다. 다만 특허권, 지식재산권은 위에서 언급한 것처럼 일정기간 진입장벽을 부과할 필요성이 있다. 또한 면허제를 실시할 경우 위에서 언급한 것처럼 다음과 같은 점을 반드시 고려해야 한다. 면허소지자의 수가 작게 됨으로써 면허소지자의 자질이 향상되는 것이 아니므로 면허발급수량에 관계없이 자질을 갖춘 사람을 선발하는 데 초점을 두고 운영되어야 할 것이다.

4 이승모(2012) 참조.

## 21강 개요

| 반독점법 제정 이유 |
|---|
| 진입장벽 → 경쟁 제한 → 독점 → 비효율성 초래 |

| 정부 독점 허용 | |
|---|---|
| 자연독점 | 독점 발생과정에서 도태기업 시설낭비 방지<br>독점 후 비효율성 발생: 가격 등 규제 |
| 특허 및<br>지식재산권 | 소비자에게 양질, 저가제품 제공<br>일정기간 효력 부여 |
| 자격증 및<br>면허제 | 양질의 서비스 제공<br>수적 제한 ×   자질 함량자 선발 ○ |
| 전매권 | 조세 획득 |

| 일부 견해 |
|---|
| 시장에서 발생한 독점: 비효율적 ×<br>정부 간섭에 의한 독점 다수: 비효율적 ○ |

MEMO

# 22강 정부는 왜 SSM법을 제정하는가?: 경쟁의 보호와 경쟁자의 보호

정부는 영세업자를 보호하고 경쟁을 유지한다는 미명 아래 대기업의 진입을 규제하는 것을 볼 수 있다. 대기업이 진입하면 경쟁력인 낮은 영세기업들이 도태되고 대기업들이 독점적 지위를 획득하게 된다는 것이다. 그래서 현재 우리나라는 영세업자를 보호하기 위해 대기업의 진입을 규제하는 SSM(Super SuperMarket)법[1] 등이 제정되어 적용되고 있다.

과연 이런 주장처럼 대기업이 영세업체를 도태시키는가?

대기업이 진입함으로써 영세기업들이 많이 도태되는 것을 우리는 흔히 본다. 이런 현상만을 보면 그런 주장이 맞는 것처럼 보인다. 하지만 그들이 도태되는 이유를 탐색해보면 그런 주장이 맞지 않다는 것을 알 수 있다. 어느 기업이 도태되는 이유는 손실을 보기 때문이고, 그 수입이 비용보다 낮기 때문이고, 그 이유는 일반적으로 수입이 하락하기 때문이다. 수입이 하락하는 이유는 소비자들이 그 제품을 구입하지

1 대기업과 중소기업의 동반성장과 건전한 상거래질서를 세움으로써 소비자를 보호하고 국민경제의 발전에 이바지함을 목적으로, 2010년 11월 10일 개정된 유통산업발전법과 대·중소기업 상생협력 촉진에 관한 법률을 통칭하는 말이다.

않거나 줄이기 때문이다. 이와 같이 영세기업이 도태되는 것은 대기업이 진입하기 때문이라기보다는 소비자들이 영세기업 제품보다 대기업 제품을 선호하기 때문이다. 소비자들이 대기업 제품을 선호하는 이유는 가격이 낮거나 품질이 좋기 때문이다. 소비자들이 질이 낮거나 가격이 비싼 영세업체 상품을 구입한다면 영세업체가 도산되지 않는다. 대기업 제품의 가격이 낮거나 품질이 좋은 이유는 생산비용이 낮거나 기술이 우수하기 때문이다.

이상으로부터 우리는 다음과 같은 결론을 내릴 수 있다. 첫째, 영세업자들이 도태된 것은 대기업의 진입으로 인한 것이 아니라 소비자들이 그들을 도태시킨 것이다. 영세업체가 도태되는 것에 대해 비난을 하려면 그 대상자는 대기업이 아니라 바로 우리 자신인 소비자이다. 둘째, 대기업의 진입을 규제하는 것은 소비자의 선호를 침해하는 것이다. 소비자들이 선호하는 가격이 낮거나 품질이 우수한 대기업의 제품을 구입할 수 없기 때문이다. 셋째, 대기업의 진입규제는 경쟁력이 낮은 비효율적인 기업들, 즉 비용이 높거나 기술이 열등한 기업들을 보호하는 것이다. 다시 말하면 경쟁을 보호하는 것이 아니라 비효율적인 경쟁자를 보호하는 것이다.

물론 영세업자들이 도태되면 그들이 삶의 터전을 잃게 되므로 보호해야 한다고 주장할 수도 있다. 그러나 그로 인한 피해자는 소비자들이다. 그들을 보호해야 할 것인지의 결정은 소비자들이 해야 할 것이다. 소비자들이 동의하여 그런 결정이 이루어진다면 문제가 될 수 없다. 그러나 소비자의 의견은 무시된 채, 비효율적인 생산자와 정부 간의 합의에 의해 그런 규제가 이루어진다는 것은 문제가 있다. 그런 규제가 없더라도 소비자가 영세업체를 도우려면 가격이 높거나 품질이 떨어지는 영세업체의 제품을 구입하면 된다. 그러나 소비자들이 그렇게 행동을 하지 않는 것은 소비자들이 그들의 제품을 원하지 않는다는 것이다. 우리 자신인 소비자들을 비난할 것인가? 영세업자들도 생산자인 동시에 소비자이다. 그들도 다른 물건을 구입할 때 양질의 제품이나 저렴한 가격으로 구입하는 것을 원하지 않는가? 생산자일 때와 소비자일 때의 행동이 다르다면 이율배반적이지 않는가? 남이 하면 불륜이고 자기가 하면 로맨스인가?

그러므로 대기업의 진입을 억제하는 법(예를 들면, SSM법 등)을 제정하는 것은 소비자의 선호를 침해하는 것이다. 이런 점에서 그런 법을 제정할지 여부는 소비자가 결정할 권리인 것으로 생각된다. 더구나 소비자가 그들을 도와주고 싶다면 그런 법의 제정이 아니라 소비자가 가격이 높거나 품질이 떨어지는 영세업체 제품을 구입하면 되는 것이 아닌가!

삶의 터전을 잃는다는 주장을 검토해 보자. 이런 주장의 토대에는 시장에서의 경쟁이 마치 동물세계의 경쟁처럼 적자생존의 법칙이 적용되고 있다고 간주하기 때문이다. 시장의 경쟁은 선별과정이지 도태과정이 아니다.[2] 시장경쟁은 사회분업체계 하에서 자신들이 잘할 수 있는 위치를 찾아가게 하는 장치인 것이다. 어떤 분야에서 도태되었다고 다른 분야에서도 도태되는 것은 아니다.

효율적인 생산자는 저렴한 상품이나 양질의 상품을 제공하는 자이다. 경쟁과정에서 소비자들은 저렴한 상품이나 양질의 상품을 제공하는 자를 선호하므로 효율적인 생산자는 그 분야에서 살아남고 비효율적인 생산자는 도태된다. 하지만 동물세계의 경쟁과 달리 완전히 도태

2 Mises(1996), pp. 549~60 참조.

되는 것이 아니라 보다 효율적인 위치로 찾아가도록 한다. 왜냐하면, 시장경제는 아래에서 설명될 '비교우위의 원리'에 입각하여 자급자족이 아니라 상품생산이 지배적인 분업구조이기 때문이다. 시장에서 자유로운 경쟁을 통해서 소비자들이 각 생산자들의 분업의 위치를 지휘하게 된다. 어떤 분야에서 소비자들의 구매를 통해서 이득을 보는 생산자, 즉 효율적인 생산자는 그 분야에서 생산을 하고, 그 분야가 분업구조 하의 자신의 위치이다. 도태된 생산자는 효율적인 기업의 근로자가 되거나 또는 다른 분야에 도전을 하여 살아남는다면 그 새로운 분야가 자신의 위치가 된다. 그곳에서도 도태된다면 또 다른 분야에 도전을 한다. 이와 같이 시장과정의 경쟁을 통해서 자신들을 위치를 찾아간다.

우리 인간들은 제각기 다른 능력을 타고 난다. 심지어 쌍둥이조차도 그 능력이 다르다. 또한 전 세계에 걸쳐 자연자원도 불균등하게 분포되어 있다. 그 결과 자원을 이용할 수 있는 기회가 인간들마다 다르다. 이런 연유로 우리들 대부분은 어떤 특정 분야에 뛰어난 생산능력을 가지고 있다고 할 수 있다. 그래서 특정 상품에 대해 생산은 다음과 같이 이루어진다. 그 상품에 대해 가장 효율적인 생산자가 가장 먼저 생산과정에 투입되고 수요가 증가함에 따라 그 다음 효율적인 생산자가 투입된다. 수요가 증가함에 따라 한 생산자가 그 수요를 모두 감당할 수 없다. 왜냐하면, 생산규모가 늘어나면 어느 정도 이후에는 평균비용이 증가하기 때문이다. 그 결과 특정 분야에서는 그 부문에 뛰어난 능력을 가진 자들끼리 경쟁을 한다. 프로야구 선수는 능력이 뛰어난 선수들 중에서 선발된다. 선발되지 못한 선수들은 심판이나 아마야구 코치로서 야구계에 종사하게 되거나 전혀 다른 분야에 종사하게 된다. 다른 분야에서 그들의 또 다른 능력을 발휘할 수 있기 때문이다. 이처럼 자유시장체제에서는 시장과정의 경쟁을 통해서 자신들의 위치를 찾아가게 되는 것이다.

하지만 모든 부문에 효율적인 자나 비효율적인 자들이 존재하게 되면 비효율적인 자들은 동물세계와 같이 도태되어 분업체제가 유지되는 것이 아니지 않는가라는 의문이 발생할 수 있다. 이런 의문에 대한 답변이 리카도에 의해 제시된 비교우위 원리이다. 리카도의 비교우위 원리는 다음과 같이 요약할 수 있다. 모든 부문의 효율적인 자도 모든 부문의 비효율적인 자와 협력을 하면 자신이 모든 부문을 생산할 때보다 더 나은 결과를 초래한다. 그러므로 이 원리에 입각하면 모든 부문의 비효율적인 자도 도태되지는 않는다. 그 원리는 5강에서 상세하게 다루었다.

우리 인간들은 다양하게 태어난다. 어떤 사람은 사업을 잘하고, 어떤 사람은 농사를 잘 짓고, 어떤 사람은 공부를 잘하고, 어떤 사람은 음악과 미술 등 예능에 뛰어나고, 어떤 사람은 운동을 잘한다. 그러므로 우리들 대부분은 각자 한 가지의 특기, 즉 절대우위성을 지닌 비교우위를 지니고 있다. 또한 소비자들의 선호도 다양하다. 같은 국수라도 어떤 사람은 면발이 꼬들꼬들한 것을 좋아하고 어떤 사람은 부드러운 것을 좋아하고, 매운 것을 좋아하는 사람도 있고, 신 것을 좋아하는 사람도 있다. 매일 밥만 먹는 것도 아니다. 따라서 누구든지 고객들의 선호에 맞추어 자신들의 특기를 발휘할 수가 있다. 물론 절대열위성을 지닌 비교우위자들도 있다. 절대우위성을 지닌 비교우위자가 그들과 협력을 요청한다. 그러므로 자유시장경제에서는 영세업체를 비롯한 비효율적인 자가 도태되어 삶의 터전을 잃는 것이 아니다.

그러나 현실에서는 다른 부문으로 진입과 전직이 원활한 것이 아니어서 만성적인 실업이 얼마나 많은가라고 반문을 할 수 있다. 하지만 진입 및 전직의 어려움과 그에 따른 만성적인 실업의 존재는 시장경제의 고유한 특성이 아니다. 그 원인은 현재 시행되고 있는 정부의 규제와 노조의 정책에 있다.[3] 물론 정부의 규제와 노조가 필요 없다는 것이 아니다. 정부와 노조가 임금을 규제하기 때문에 만성적인 실업이 발생한다. 정부는 개인의 신체와 사유재산을 침해하는 것에 대해서는 철저히 규제를 해야 한다. 노조도 노동자들의 권리를 침해하는 행위에 대해 보호하는 역할을 해야 하는 것이다. 시장임금보다 높은 임금을 받는 것이 노동자 권리를 보호하는 것이 아니다. 그로 인해 다수의 근로자들이 실직을 당하거나 새로운 일자리가 제거되기 때문이다. 오히려 근로자의 인권 침해에 대한 대응책, 작업 중 부상의 위험과 오염물질 등으로 인한 건강의 훼손 등에 대한 위험을 방지하기 위한 방책이나 부상자나 건강상실자에 대한 방책 등이 근로자의 권리를 보호하는 것이다. 하지만 현재의 정부 규제와 노조의 정책들 중 상당수가 그렇지 못하다는 것이다.

시장경제에서는 진입과 전직의 길이 항상 열려 있고, 자발적 실업만 존재하고 비자발적 실업은 일시적으로 존재할 뿐 만성적으로 존재하지 않는다.[4]

---

3 상세한 것은 29강 참조.

4 자발적 실업이란 자발적으로 실업상태에 있는 것이다. 반면 비자발적 실업은 현 임금 수준에서 일자리를 원하는 데도 불구하고 실업상태에 있는 것을 말한다. 우리가 보통 실업이라고 한다면 비자발적 실업을 의미한다. 실업에 대한 보다 상세한 것은 29강에서 다룬다.

## 22강 개요

| SSM법 제정 이유 |
|---|
| 영세업자 및 소비자 보호, 경쟁유지 |

↓

| 영세업자 도태 이유 |
|---|
| 대기업 진입 ×<br>소비자가 선호하지 않음(고가, 저질 제품) |

↓

| SSM법 시행 |
|---|
| 1) 소비자 피해<br>2) 비효율적인 경쟁자 보호 ○, 경쟁의 보호 × |

| 영세업체 도태 |
|---|
| 삶의 터전 박탈 |

↓

| 시장 경쟁 |
|---|
| 적자생존 ×, 선별과정(비교우위) ○ |

↓

| 새로운 일자리 이직 및 창출 |
|---|
| ⇒ 도태 및 삶의 터전 박탈 × |

| 새로운 일자리 이직 및 창출 × 이유 | |
|---|---|
| 정부 규제 | 최저임금제 |
| 노동조합 | 임금: 시장임금보다 높게 추진 |

MEMO

# 23강 우리는 왜 환경을 오염시키고 훼손시키는가?: 외부효과

우리들 대부분은 환경오염과 환경훼손에 대해 거부감을 지니고 있다. 환경오염과 훼손으로 우리의 건강이 나빠지거나 생태계에 나쁜 영향을 주기 때문이다. 그래서 환경오염과 훼손에 대해 무조건 반대하는 사람들이 적지 않다.

이와 같이 환경오염과 훼손이 나쁜 결과만 초래하는가? 만약 그렇다면 오염과 훼손을 반대하는 주장의 타당성이 있다. 그러나 오염과 훼손으로 좋은 결과도 초래한다면 반대 주장은 타당성이 없게 된다.

좋은 결과가 있는지 없는지를 파악하기 위해 먼저 우리는 왜 환경을 오염시키고 훼손시키는지 그 이유를 살펴보아야 한다. 왜냐하면 우리 인간이 어떤 행동을 한다는 것은 그것으로 인한 편익이 비용보다 크다고 생각할 때만 행동하기 때문이다. 따라서 우리들이 환경을 오염시키고 훼손시키는 것은 그것으로 인해 얻는 것이 있기 때문이다.

그러면 환경오염으로 우리는 무엇을 얻게 되는가?

우리는 인간으로서 욕구충족을 위해 재화가 필요하다. 그런 재화를 만드는 과정에서 환경오염과 훼손이 발생하는 것이다. 심지어 농작물을 생산하기 위해 산과 들을 개간해서 농토를 만들 때에도 그 과정에서 환경이 훼손되는 것이다. 골프장을 만드는 것만이 환경을 훼손시키는 것이 아니다. 또한 우리는 살기 위해 먹어야 하고, 먹으면 배변을 할 수밖에 없고, 배변의 결과물 또한 환경을 오염시킨다. 이와 같이 우리 인간이 환경을 오염시키고 훼손시키려는 목적만 갖고 그런 행위를 하는 것은 아니다. 우리 인간의 욕구충족을 위해 재화를 생산하고 소비하는 과정에서 환경의 오염과 훼손이 발생하는 것이다. 따라서 환경오염과 훼손을 시키지 않으려면 우리 인간은 현재 사용하고 있는 많은 재화들을 포기해야 한다. 그러므로 환경의 오염과 훼손을 무조건 하지 않아야 한다는 주장은 타당성이 없다.

일부 환경보호론자들의 주장에도 불구하고, 오염을 유발하는 행위 전부를 금지하는 것은 불가능하다. 예를 들어보면, 거의 모든 교통수단은 어떤 형태로든지 대기오염을 발생시킨다. 그렇다고 해서 모든 교통수단을 금지할 수는 없다. 따라서 모든 오염을 완전히 없애려 하기보다 오염방지의 비용과 편익을 비교하여 사회적으로 허용할 수 있는 수준의 오염배출량을 결정하는 것이 합리적이다.

그렇다면 적절한 환경오염 수준은 무엇인가?

환경오염으로 얻는 편익이 비용보다 클 경우에만 환경오염을 받아들여야 한다. 그런데 현실에 있어서는 이 수준 이상으로 환경을 오염시키고 있다. 왜 이런 현상이 발생하는가? 행위자가 오염으로 인한 피해, 즉 오염의 비용을 부담하지 않기 때문이다. 예를 들면, 쓰레기를 무단으로 버리면 환경이 오염되고 그로 인한 피해는 타인들이 입게 되는데, 그 피해에 대한 행위주체자가 오염비용을 고려하지 않기 때문에 오염으로 인한 편익보다 비용이 크게 되는 수준까지 오염을 시키는 것이다.

따라서 오염으로 인한 피해를 행위자에게 부담시키게 되면 비용이 편익보다 큰 수준으로 오염되지 않는다. 그래서 정부가 쓰레기 종량제를 실시함으로써 쓰레기 투기로 인한 비용을 행위자가 부담하도록 하는 것이다. 그 결과 쓰레기 투기량은 적정수준으로 줄어드는 것이다.

그러므로 우리는 환경오염과 훼손을 무조건 반대하는 것이 아니라 적정수준을 넘어 오염시키는 것을 문제시해야 한다. 적정수준에 도달하기 위해서는 행위자가 외부비용을 부담하도록 해야 하는 것이다. 이렇게 함으로써 오염은 적정수준으로 감소하게 된다. 아울러 오염수준을 적정수준 이하로 더욱 낮추는 효과도 초래한다. 즉, 재화의 생산량이 동일한데도 불구하고 오염을 적정수준 이하로 낮출 수 있다. 예를 들면, 쓰레기 종량제를 실시하면 쓰레기 투기량을 적정수준으로 감소시킬 뿐 아니라, 낮은 비용으로 쓰레기의 부피를 줄일 수 있는 기술개발을 촉진함으로써 쓰레기 투기량은 더욱 감소하게 된다.

이상에서 본 바와 같이 행위자의 행동이 제3자에게 영향을 주되 그에 대한 대가를 지불하지 않거나 받지 못하는 것을 외부효과(external effect)라 한다.

외부효과는 크게 두 가지로 나누어진다. 타인에게 나쁜 영향을 주고 그에 대한 대가를 지불하지 않는 것을 외부불경제(external diseconomy)라고 한다. 위의 환경오염과 훼손시 그로 인한 피해를 행위주체자가 부담하지 않는 경우가 여기에 해당된다. 이때 타인이 부담하는 피해, 즉 비용을 외부비용(external costs)이라고 한다.

한편 제3자에게 좋은 영향을 주는 것을 외부경제(external economy)라 하고, 그 이익은 외부편익(external benefits)이라고 한다. 대학이나 연구소에서 행해지는 기초연구는 사회에 많은 이득을 가져다준다. 그러나 이를 수행한 사람은 사회에 기여한 바에 대한 충분한 물질적 보상을 받지 못한다. 그러므로 기초연구가 대표적인 외부경제의 예이다. 이 경우 행위주체자가 외부편익에 대한 대가를 받지 못하므로 오히려 적정수준까지 활동하지 않는 경우가 많다.

이와 같이 시장에서 외부효과가 잘 반영이 되지 못하기 때문에, 즉 외부비용이나 외부편익에 대한 보상이 적절히 이루어지지 않기 때문에, 외부효과는 시장실패의 원인 중 하나이다. 따라서 정부는 이런 문제점을 해결하기 위해 환경오염 등 외부불경제에 대해서는 행위주체자가 그 비용을 부담하게 하고, 교육 등 외부경제에 대해서는 행위주체자에게 보조금을 주는 간섭을 하는 것이다.

## 23강 개요

환경오염: 무조건 나쁜 것인가?

↓

**환경오염 발생 이유**

재화 생산과정에서 발생 ⇒ 환경오염 편익: 재화 생산

↓

**환경오염 전면 금지**

많은 재화 생산포기 ⇒ 재화가격 급등

↓

**환경오염 적정 수준**

환경오염수준 ○: ×

환경오염 편익 〉 환경오염 비용(피해액)

↓

**문제**

환경오염 편익 〈 환경오염 비용(피해액)

↓

| 문제발생 원인 | 대책 |
|---|---|
| 오염 행위자: 오염비용 부담 × | 오염 행위자: 오염비용 부담 |

**외부효과**

제3자가 피해나 이득을 보면서 대가를 받지 못하거나 지불하지 않는 것

↓

| 외부효과 | 외부불경제 | 외부비용 발생: 피해자 보상받지 못함 | 오염, 소음 등 |
|---|---|---|---|
| | 외부경제 | 외부편익 발생: 이득자 대가 지불하지 않음 | 교육, 연구 |

MEMO

# 24강 국방 및 치안서비스는 왜 정부가 제공하는가?: 공공재

국방 및 치안은 민간업체가 담당하지 않고 거의 정부가 담당하고 있다. 즉, 국방 및 치안서비스를 정부가 거의 공급을 하고 있다(일부 치안서비스는 민간 보안업체가 공급하고 있지만). 왜 민간업체가 전적으로 공급을 하지 않는가?

만약 민간업체가 국방 및 치안서비스를 공급하는 경우에 어떤 일이 발생하는가?

국방 및 치안서비스가 어떤 지역에 공급되면 그 지역의 모든 사람들에게 혜택이 다 돌아가게 되는데,[1] 그에 대한 대가를 지불하지 않는다고 그들을 그 지역에서 추방할 수가 없다.[2] 따라서 그 지역 내에 사람들에게 그것이 공급되면 그들은 대가를 지불하지 않더라도 혜택에서 배제되지 않기 때문에 대가를 지불하려고 하지 않는다. 즉, 공짜 이용

---

1 이런 특성을 소비의 비경합성이라고 한다. 소비의 경합성이란 누가 그것을 이용하면 타인의 혜택이 그만큼 줄어드는 것을 말하기 때문이다. 다른 말로 고갈성이라고도 한다.

2 이런 특성을 소비의 비배제성이라고 한다. 소비의 배제성이란 대가를 치루지 않으면 그것의 혜택을 볼 수 없는 것, 즉 혜택으로부터 배제되는 것을 말하기 때문이다.

을 하려고 한다. 이것을 무임승차(free rider)의 문제라 한다. 따라서 민간기업은 국방 및 치안서비스를 공급하지 않는다.

하지만 국방 및 치안서비스는 국민의 재산의 보호와 안녕을 위해 반드시 필요하다. 그렇다면 이런 서비스를 누군가가 공급해야 한다. 민간기업이 공급하지 않는 이유는 무임승차 문제 때문이다. 따라서 이를 해결할 수 있는 주체는 정부가 될 수밖에 없다. 왜냐하면, 정부는 강제로 그 비용을 조달할 수 있기 때문이다. 즉, 정부는 국방 및 치안서비스의 혜택을 보는 국민들로부터 강제로 세금을 부과할 수 있는 권한이 있기 때문이다. 그러므로 무임승차의 문제가 발생하는 국방 및 치안서비스를 정부가 세금으로 비용을 충당하여 공급한다.

소비의 비경합성과 비배제성을 갖는 재화는 무임승차의 문제 때문에 민간기업이 공급하지 않고 정부가 공급한다. 이러한 재화는 정부가 공급하기 때문에 공공재라고 불리지만 원래 공공재의 정의는 소비의 비경합성과 비배제성의 특성을 갖는 재화이다. 이러한 특성을 갖는 공공재는 국방 및 치안서비스 이외에도 행정서비스, 도로, 항만, 공항 등이 있다.

이와 같이 공공재는 치안, 국방 등 국민의 삶에 아주 중요한 부분이지만, 시장에 맡겨 놓으면 전혀 생산되지 않는 문제가 있다. 따라서 공공재도 시장실패의 한 사례이다. 그러므로 시장실패를 교정하기 위해 공공재는 정부가 공급한다.

도로는 일반적으로 소비의 경합성과 배제성이 없는 공공재이다. 어느 누가 그 도로를 이용하더라도 다른 사람 또한 이용할 수 있으므로 경합성이 없다. 물론 도로가 혼잡할 경우에는 경합성이 있다. 또한 일반적으로 사용료를 내지 않는다고 도로를 이용하지 못하도록 하는 것은 매우 어렵다. 따라서 소비의 배제성도 없다. 그러나 고속도로 등 일부 도로는 사용료를 내지 않을 경우 그 도로를 이용하지 못하게 하는 것이 가능하므로 유료화되어 있다.

이와 같이 정부는 일반적으로 공공재의 성격을 갖는 재화 중에서도 소비의 혜택을 이용자에게 부담시킬 수 있는 경우에는 유료화를 시도하고 있다. 유료화가 가능한 것은 민간기업이나 공기업이 운영하고 있다.

정부나 지방자치단체 등 공공기관이 소유주로 되어 있는 기업을 공기업이라 하는데, 이와 같은 공기업이 존재해야 하는 이유는 다음과 같다.

첫째, 정부나 공공단체는 공공복지를 위해 많은 지출을 필요로 하는데 국민이나 사기업의 세금만으로는 충당하기 어려워 수익성이 있는 공공사업을 한다. 즉, 재정수입의 증대를 위해 공기업을 설립한다. 하지만 현재 우리나라 공기업들은 이익을 창출하기보다는 적자가 나고 있는 실정이다.

둘째, 철도, 신공항 등 국민들을 위해 꼭 필요하지만 너무 많은 자본이 들어가기 때문에 민간이 설립 및 운영하기에는 불가능한 사업들이 있기 때문이다.

셋째, 민간사업자가 산간벽지에 사는 몇 사람을 대상으로 버스운수사업이나 이동통신사업을 한다면 적자를 볼 것은 확실하다. 그러나 그들도 국민이기에 누군가가 버스를 운행해주고 통신안테나를 설치해 주어야 한다. 즉, 손해이지만 필요한 사업인 경우 공기업을 설립 운영하게 된다.

넷째, 국토방위나 사회 안전에 관련된 상·하수도사업, 전기·가스사업을 민간기업이 맡게 되면 기밀유지도 어렵거니와 수시로 발생할 수 있는 파업 등으로 국민의 일상생활에 지장을 초래할 수 있기 때문에 정부나 공공단체가 소유하고 운영할 필요성이 있다.

우리는 시장이 스스로 경제적 효율성을 달성하지 못할 수 있는 시장실패의 경우들을 살펴보았다. 독점 등의 불완전경쟁, 외부효과, 그리고 공공재가 시장실패에 해당한다. 정부는 이러한 시장실패를 바로잡기 위해 다양한 방법을 사용한다. 독점과 불완전경쟁으로 인한 폐해를 줄이기 위해 반독과점 조치와 규정을 마련하고, 외부효과의 문제를 해결하기 위해 세금을 부과하거나 보조금을 지급하고, 공공재의 문제는 정부가 직접 공급하여 해결하고자 한다. 즉, 정부는 시장실패를 보정하고 교정하기 위하여 시장의 자율에 맡겨두지 않고 개입을 하게 된다.

그런데 시장실패를 교정하기 위한 정부의 개입이 시장의 비효율성을 반드시 개선하는 것일까? 하지만 그렇지는 않다. 정부의 개입으로 다음과 같은 비효율성이 발생할 수 있기 때문이다.

첫째, 외부효과와 공공재로 인한 비효율성을 제거하기 위해 편익과 비용을 올바르게 평가를 해야 하는데, 그것이 쉽지 않다. 왜냐하면 편익과 비용은 시장을 통해야만 올바르게 평가되는데, 시장을 이용할 수 없어 간접적인 기법으로 평가하기 때문이다. 즉, 부정확한 정보와 미래의 불확실성 때문에 올바른 평가가 이루어지지 않는다. 그 결과 개입이 오히려 비효율성을 더욱 악화시킬 수 있다.

둘째, 시장실패를 해결하기 위해서는 재원이 필요하게 되는데, 그 재원을 가계나 기업에 대한 세금으로 조달함으로써 가계와 기업의 경제활동이 위축되어 비효율성을 초래할 수 있다. 그 비효율성이 정부개입의 효율성 증진보다 크다면 개입이 오히려 비효율성을 더욱 악화시킬 수 있다.

셋째, 정책을 입안하고 집행하는 정부 관리들은 효율성 증진보다는 자신이 속한 부처의 예산규모를 확대하고자 하는 유인이 있기 때문이다. 왜냐하면 관료들은 봉급, 상여금, 승진 등에 관심이 있는데, 이것들은 해당 부처조직에 배정된 예산의 크기에 따라 증대하는 경향이 있다. 따라서 관료들은 효율성보다는 예산극대화에 더 관심을 가지게 된다. 즉, 관료는 자신의 승진은 자신이 속한 부처의 예산규모에 영향을 받으므로 사업추진에 소요되는 비용은 낮게 평가하고, 편익은 과대평가하여 보다 많은 사업승인을 얻어 보다 많은 예산을 확보하고자 한다. 비록 관료집단의 이러한 비효율성을 감사나 검열 등을 통하여 이런 행동을 자제시키려고 하지만 그 효과는 제한적이다. 왜냐하면 관료집단을 감시·감독하는 국회나 국민은 관료만큼 그 조직에 대해 잘 알지 못하기 때문이다. 이로 인하여 정부정책의 효율성은 떨어질 수밖에 없다.

이와 같이 시장실패를 교정하기 위한 정부의 시장개입이 오히려 비효율성을 악화시키는 현상을 정부실패(government failure)라고 한다.

한편 정부는 시장의 효율성을 증진하는 이외의 다른 목표, 즉 공평성(equity)의 제고를 위해 개입하기도 한다. 예를 들면, 빈부격차문제를 완화시켜 소득분배의 공평성을 제고하기 위해 다양한 사회보장제도를 실시한다. 하지만 이런 정책은 복지병이라 일컬어지는 근로의욕의 감퇴와 생활습관의 나태를 가져와 경제 전체의 효율성(efficiency)을 떨어뜨릴 수가 있다. 하지만 이런 효율성 상실로 인한 사회후생(social welfare)의 감소보다 공평성 증대로 인한 사회후생의 증대가 클 경우 정부의 재분배정책은 타당성을 가질 수 있다. 물론 어느 것이 큰지에 대한 논쟁은 계속되고 있다.

이상에서 본 바와 같이, 시장에 의한 실패도 있고, 정부에 의한 실패도 있을 수 있다. 하지만 한 가지 명백한 사실은 대부분의 경제활동은 민간부문의 개별경제주체들에 의해 수행된다는 것이다. 그리고 종종 시장에 대한 정부의 개입을 필요로 하는 경우도 있지만, 경제의 효율성을 달성케 하는 가장 강력한 힘은 개별 생산자와 소비자들의 자유시장에서의 경제활동이라는 것이다.

## 24강 개요

| 국방, 치안의 특성 |
| --- |
| 지역 내 모든 사람 혜택: 소비의 경합성 없음(소비의 비경합성)<br>대가 미지불자 배제 불가: 소비의 배제성 없음(소비의 비배제성) |

↓

| 무임승차 발생 |
| --- |
| 민간기업 공급 → 손해 발생 ⇒ 정부 공급 |

↓

| 공공재 |
| --- |
| 소비의 비경합성과 소비의 비배제성 보유한 재화 |
| 무임승차 발생 → 정부 공급 |

| 시장실패 | 시장이 비효율적인 자원배분 초래: 독과점, 외부효과, 공공재 |
| --- | --- |
| 정부실패 | 시장실패를 교정하기 위한 정부개입이 비효율성 초래 |

MEMO

# 제8장
# 거래비용은 경제활동에 어떤 영향을 주는가?

# 25강 중고상은 품질보증 및 사후서비스를 왜 시행할까? : 역선택

최근에 자동차나 가전제품의 중고시장에서 판매자들은 품질보증이나 사후서비스를 많이 시행하고 있다. 과거에는 별로 시행하지 않았는데 왜 이렇게 변화했을까? 이를 파악하기 위해 품질보증이나 사후서비스를 시행하지 않을 경우, 중고시장에는 어떤 일이 벌어지는지를 살펴보자.

여러분이 중고자동차를 구입할 때 제일 걱정하는 것이 자동차의 품질이다. 구입 후 품질이 좋지 않으면 목돈을 들여 구입한 것을 후회할 것이기 때문이다. 따라서 품질이 어떤지 알고 싶어 한다. 그런데 소비자들은 전문가가 아니므로 일반적으로 중고품에 대한 품질을 파악하지 못한다. 따라서 중고품 구입을 꺼린다. 즉, 소비자들은 양질의 제품을 구입하기를 원하지만 질이 좋지 못한 제품을 구입할 가능성이 높으므로 중고품의 이용을 꺼린다. 따라서 중고상들은 그냥 있으면 장사가 잘 안 된다. 그러므로 중고상들은 손님들이 찾아오도록 하기 위해 품질보증과 사후서비스를 시행하는 것이다.

위의 예에서처럼, 행위자가 원하지 않는 결과가 선택되는 것을 역선택(adverse selection)이라 한다. 중고시장에서는 구입자가 품질에 대해 잘 파악할 수 없으므로 역선택이 발생할 가능성이 높기 때문에 중고시장이 사라질 가능성이 크다. 따라서 중고상들이 품질보증과 사후서비스를 시행하는 이유를 경제학적 용어로 이용하여 언급한다면 다음과 같이 표현할 수 있다. "품질보증과 사후서비스가 역선택 문제의 해결책이다."

이런 역선택의 문제는 보험시장에서도 발생한다. 보험회사는 사고확률이 낮은 운전자나 병에 걸릴 확률이 낮은 사람들이 자동차보험이나 생명보험에 가입하기를 원한다. 그러나 보험 가입에 강한 욕구를 나타내는 사람은 오히려 사고 확률이 높거나 건강이 별로 좋지 않은 사람이다. 이런 사람들이 보험에 많이 가입하면 사고나 발병 확률이 높아서 보험회사는 보험금을 많이 지급해야 하므로 적자를 면할 수 없고, 보험회사는 존재하지 않을 수도 있다.

이런 문제점을 해결하기 위해 보험가입 자격요건을 강화하거나 구체화한다. 사고나 발병 확률이 높은 사람에 대해 보험가입을 거절하거나 확률에 따라 보험료를 차별화하는 것이다. 그래서 자동차보험의 경우 성별 · 연령별 · 직업별 등으로 보험료를 차별하거나 가입 여부를 판단한다. 또한 생명보험의 경우 병력이나 건강상태 등에 따라 보험료를 차별하거나 가입 여부를 판단한다.

일전에 어느 도시의 거주지 가입자들은 보험감독원에 다음과 같이 이의를 제기하였다. 성 · 연령 · 직업 등이 같은데도 불구하고 다른 거주지의 가입자에 비해 보험료가 높은 것은 지역차별로 문제가 있다고 주장하였다. 하지만 보험감독원과 법원에서 높은 보험료가 지역차별이 아니라 타당한 차별이라는 판결을 내렸다. 왜 그랬을까? 그 지역에서는 다른 지역에 비해 사고 발생률이 높았기 때문이다. 따라서 높은 보험료를 부과하는 것이 타당한 것이다. 만약 높은 보험료를 부과하지 않으면 사고 확률이 낮은 다른 지역 가입자들이 피해를 입게 된다. 그 지역에 사고가 많아 보험금 지급이 증가되면 다른 지역 가입자들의 보험료가 높아지고, 다른 지역 가입자들이 납부한 보험료로 그 지역의 가입자가 혜택을 보기 때문이다.

현실에는 이외에도 역선택의 문제에 관한 다양한 사례들(예를 들면, 대출, 신입사원 선발 등)이 존재한다. 은행이 고객에게 대출을 해 줄 경우, 은행은 원리금을 제때에 상환하는 신용이 좋은 고객에게 대출을 하고 싶지만, 대출자의 신용상태를 잘 알지 못하기 때문에 신용이 좋지 못한 고객에게 대출하는 실수를 범할 수도 있다. 신입사원 선발의 경우에도 마찬가지로, 기업의 사장입장에서는 능력있고 성실한 사원을 뽑기를 원하지만, 지원자의 능력이나, 성격, 가치관 등을 완전하게 파악하기 힘들기 때문에 능력이 미진하고 불성실한 직원을 뽑을 수도 있다.

이런 역선택의 문제를 해결하기 위해, 은행은 대출신청자에 대해서 직업, 소득, 재산 등 다양한 정보를 통해 고객의 신용도를 평가하여 대출자격 여부와 이자율을 정한다. 신입사원을 선발할 경우, 역선택의 문제를 해결하기 위해 기업은 입사지원자에게 성적표나 자기소개서, 자격증, 지도교수추천서, 면접 등을 통해 능력과 인성을 평가한다. 아울러 사원들이 기업이 기대하는 능력과 인성을 지니고 있는지를 파악하기 위해 인턴제도를 실시하기도 한다.

이와 같이 역선택의 문제를 해결하기 위해, 품질보증(사후서비스), 자격요건 강화, 보험료 차별화, 신용도 평가 및 이자율 차별화, 능력 및 인성 평가와 인턴제도 등 다양한 방법을 시행한다.

## 25강 개요

| 중고품 특성 |
|---|
| 구입자 품질 잘 모름 |

↓

| 구입자 중고품 구입 감소 → 중고상 수입 격감, 도산 |
|---|
| ⇒ 중고상: 품질보증 및 사후서비스 |

| 역선택 |
|---|
| 원하지 않는 결과 선택 |
| 예) 중고품 구입, 보험회사 |

↓

| 역선택 해결책 | |
|---|---|
| 중고품 | 품질보증, 사후서비스, 교환 |
| 보험 | 가입자격 제한, 자격요건에 따라 보험료 차별화 |

# 26강 자동차보험사는 사고운전자에게 왜 보험료를 할증시킬까? : 도덕적 해이

자동차보험에 가입한 후에 사고가 나면 수리비, 치료비 등에 대해 보험회사가 보험금을 지불하지만, 보험계약을 갱신할 때 보험료가 할증된다. 왜 그렇게 할까?

운전을 하게 되면 사고가 발생할 수 있다. 이런 사고에 대한 처리 및 보상을 위해 우리들은 자동차보험에 가입한다. 그런데 가입자들은 보험가입 이후 운전에 대한 주의력이 낮아진다. 왜냐하면, 사고가 발생하더라도 보험회사가 처리 및 보상을 하기 때문이다. 따라서 보험회사가 지급하는 보험금이 급증함으로써 적자를 면하기 어려워진다. 만약 보험금 급증에 따른 손실을 보전하기 위해 모든 가입자에게 보험료를 높이게 되면 무사고 운전자들의 원성이 높아진다. 그러므로 보험회사는 가입자의 운전에 대한 주의력을 높이려 한다. 주의력을 높이는 가장 원천적인 방법은 가입 운전자를 옆에서 감시 · 감독하는 것이다. 그렇게 하려면 너무나도 높은 감독비용이 소요된다. 따라서 이런 감시 · 감독은 불가능하다. 그러면 현실적으로 가능한 방법은 무엇인가?

현실적인 방안 중 한 가지가 보험료 할증방식이다. 사고운전자에게 보험료를 할증시킴으로써 보험가입 운전자들의 주의력이 높아지기 때문이다. 또 다른 방안은 자기부담금(면책금)이다. 자기부담금은 사고발생시 운전자가 부담하는 금액이다. 예를 들어, 자기부담금이 20만원일 때, 사고로 수리비가 50만원이라면 그 중 20만원은 가입자가 부담하는 것이다. 자기부담금 제도는 사고시 운전자가 일부를 부담해야 하기 때문에 운전에 대한 주의력을 높인다.

이와 같이 자동차 보험회사는 가입자의 운전에 대한 주의력을 제고시키기 위해 보험료 할증 및 자기부담금 방식을 시행한다.

위의 예에서처럼 대리인(여기서는 보험가입 운전자)이 본인 또는 주인(보험회사)의 기대와는 다른 행동을 함으로써 본인에게 피해를 주는 대리인의 행동을 도덕적 해이 또는 외래어로 모럴 해저드(moral hazard)라고 한다. 보험가입자가 대리인이고 보험회사가 본인인 이유는 다음과 같다. 사고가 발생하면 보험금의 지급 주체는 보험회사이고, 보험금의 지급 여부는 사고발생 여부에 의해 결정되고, 사고발생 여부는 보험가입 운전자에 의해 결정되기 때문이다. 따라서 자동차 보험회사가 보험료 할증 및 자기부담금 방식을 시행하는 이유를 경제학적 용어를 이용하여 언급한다면 다음과 같이 표현할 수 있다. "보험료 할증 및 자기부담금 방식이 도덕적 해이 문제의 해결책이다."

현실에는 보험 이외에도 도덕적 해이가 발생하는 여러 경우가 있다. 위에서 본 것처럼, 도덕적 해이는 본인-대리인 관계가 있는 곳에서 발생한다. 그러므로 고용관계에서도 발생한다: 고용주(본인)와 고용인(대리인), 주주(본인)와 전문경영인(대리인).

근로자는 사업주가 일일이 감시하지 못하는 점을 이용하여 최선을 다하지 않을 수도 있다. 이런 도덕적 해이를 막기 위해 성과급, 효율임금제, 감시 · 감독 장비를 이용한다.

성과급은 성과에 따라 지급되므로 근로자들이 최선을 다하지 않아서 성과가 낮아지면 그들이 획득하는 소득이 감소한다. 따라서 성과급을 시행하게 되면 근로자들이 최선의 노력을 하기 때문에 도덕적 해이가 방지된다.

전문경영인에게 주로 적용되는 스톡옵션은 기업이 임직원에게 일정수량의 자기회사의 주식을 일정한 가격으로 매수할 수 있는 권리를 부여하는 제도로서 일종의 성과급이다. 전문경영인은 주주가 자신들의 행동을 일일이 감시하지 못하는 점을 이용하여 주주의 이익보다는 자신의 이익을 챙기는 행위를 할 수 있다. 출장 시 최고급 교통 및 숙박시설 이용, 과다한 비서진 구성, 수익성이 높은 투자보다는 매출액이 큰 투자를 선호하는 식으로 자신이 주주일 경우에 비해 과다비용 · 저수익성을 추구할 수 있다. 이러한 도덕적 해이를 방지하기 위해 전문경영인에게 성과급의 일종인 스톡옵션을 실시한다. 전문경영인이 회사를 잘 운영할 경우 기업의 실적이 향상되고 결과적으로 주가가 상승한다. 주가가 상승할 경우 미리 정해진 낮은 가격으로 주식을 매입하여 팔면 차익을 얻을 수 있다. 따라서 전문경영인에게 스톡옵션을 부여할 경우, 전문경영인은 최선을 다해 회사를 경영할 것이므로 도덕적 해이가 방지된다.

효율임금제는 임금을 시장임금보다 높여 줌으로써 그 임금상승률보다 더 높은 생산성을 초래한다는 이론이다.[1] 효율임금제도 도덕적 해이를 방지하는 역할을 할 수 있다. 그 이유는 다음과 같다. 임금을 높였을 때 열심히 하지 않아 해고가 되면 보다 낮은 임금을 주는 회사로 이직할 수밖에 없기 때문에 근로자들은 해고를 당하지 않기 위해 더욱

1 임금을 높임으로써 더욱 효율성이 높아진다는 점에서 효율임금제라 한다.

열심히 한다.

한편, 이전에는 도덕적 해이를 하는 근로자들을 감시·감독하기 위해서는 감독관이 필요하였고, 감독관을 고용하면 인건비가 발생하는데, 그 인건비가 감독을 함으로써 얻는 이득을 초과할 경우에는 고용주들은 감독관을 고용하여 근로자를 감독하지 않았다. 그러나 CCTV가 감시·감독의 비용을 상당히 절감시키는 장치가 됨으로써 고용주들이 이제 도덕적 해이를 방지하는 장치로 이용한다.

이상에서 본 바와 같이 도덕적 해이는 본인-대리인 관계가 있는 곳에서는 반드시 발생하기 마련이다. 민간보험 및 고용관계에서는 본인인 보험회사, 고용주, 주주들이 스스로 도덕적 해이문제를 잘 해결하고 있다.

하지만 현실에는 어떤 다른 문제를 해결하기 위한 방책이 오히려 도덕적 해이를 발생시키는 경우도 있고, 비용이나 여건의 제약으로 도덕적 해이를 잘 해결하지 못하는 경우도 있다.

먼저 어떤 다른 문제를 해결하기 위한 방책이 오히려 도덕적 해이를 발생시키는 경우를 보자. 대표적인 것이 예금자보호제도이다. 금융기관이 영업정지나 파산 등으로 고객의 예금을 지급하지 못하게 될 경우 해당 예금자가 피해를 당할 뿐만 아니라 건전한 다른 은행 고객들도 이런 상황에 불안을 느끼고 예금인출을 함으로써 전체 금융제도의 안정성도 큰 타격을 입게 된다. 이러한 사태를 방지하기 위하여 다른 나라와 마찬가지로 우리나라도 예금자보호법을 제정하여 고객들의 예금을 보호하는 제도를 만들었는데, 그것을 예금자보호제도라고 한다. 현재 우리나라는 은행이 파산하거나 영업정지가 될 경우, 예금자에게 예금 및 이자를 합쳐서 5천만 원까지 예금보험공사에서 지급한다.

그러나 이 제도는 다음과 같은 도덕적 해이를 발생시킨다. 금융기관이 부실대출(즉, 수익성은 높으나 상환가능성이 낮은 기업이나 사람에게 하는 대출)을 하는 경향을 초래한다. 금융기관도 하나의 기업이기 때문에 높은 이윤을 달성하려고 한다. 따라서 높은 수익이 예상되는 곳에 대출하려고 한다. 하지만 수익성이 높은 경우 위험성도 높아진다. 왜냐하면, 사회평균적인 수익 이상을 낳으려면 불확실성이 높은 곳에 투자해야 하기 때문이다. 따라서 투자를 할 때 항상 수익성과 안전성을 고려한다. 수익성이 높더라도 안전성이 아주 낮으면 투자하지 않는다. 그러므로 예금자보호제도가 없을 경우 금융기관은 수익성은 높지만 안전성이 아주 낮은, 즉 상환가능성이 아주 낮은 부실대출을 하지 않는다. 그러나 예금자보호제도가 마련되면 금융기관은 부실대출에 매력을 느낀다. 왜냐하면, 부실대출금이 정상적으로 상환이 된다면 높은 수익을 창출할 수 있고, 만약 상환이 불가능하여 은행이 파산하더라도 은행이 예금자의 예금을 지급하는 것이 아니라 보험공사에서 대신 지급을 해주기 때문이다.

아울러 예금자들도 부실대출로 파산할 위험성이 큰 금융기관으로 예금계좌를 이전할 가능성이 높다. 왜냐하면 그런 금융기관은 부실대출을 통한 높은 수익성을 기대하므로 예금자들에게 높은 금리를 제공하기 때문이다. 따라서 예금보험공사가 지급해야 할 보험금이 많아진다.

이와 같이 예금자보호제도는 오히려 금융기관의 부실화를 초래하여 금융제도의 안정성을 파괴하고 있다. 그런데 민간보험에서는 이런 도덕적 해이를 방지하기 위한 보험료 차별화 등의 방책을 시행하여 도덕적 해이를 방지한다. 그러나 현행 예금보험은 위험정도를 반영한 보험료 차별화를 시행하지 않고 있고, 금융제도의 안정성을 추구하기 위한 정부의 목표를 달성하기 위해 강제보험이므로 전반적으로도 위험에 비해 보험료가 낮게 책정되어 있다. 따라서 민간보험과 달리 도덕적 해이가 해결되지 않고 있다.

다음으로 비용이나 여건의 제약으로 도덕적 해이를 잘 해결하지 못하는 경우를 보자. 대표적인 것이 중앙집중식으로 난방을 하는 아파트의 난방문제이다. 중앙집중식은 대개 각 가구마다 온도를 조절할 수 있는 스위치는 있으나 계량기가 설치되어 있지 않다. 어떤 개별가구가 온도를 낮추어 절약을 한다고 해서 그 개별가구가 부담하는 난방비가 절약한 만큼 낮아지는 것이 아니다. 따라서 각 가구는 난방비를 절약하려는 노력을 하지 않을 것이며, 이로 인하여 연료가 낭비되고 난방비 부담금은 증가한다. 이런 문제를 해결하기 위해서는 각 기구마다 계량기를 설치하는 것인데, 그 설치비용이 절약되는 난방비보다 높으면 설치하지 않는다. 또는 기술상 계량기를 설치하는 것이 불가능할 수도 있다. 이런 경우 도덕적 해이가 발생하도록 그대로 두는 것이 더 낫다. 이런 도덕적 해이를 다음과 같이 해결하는 아파트 단지들도 있다. 즉, 중앙집중식에서 개별난방으로 변경하는 것이다.

각 경제주체는 경제의 선택과정에서 자신의 이익을 최대화하려는 시장의 원리에 따라 행동한다. 따라서 그러한 선택을 하는 것은 제도적으로나 법적으로 아무런 문제는 없다. 단지 그런 행위를 할 수 없도록 감시하거나 단속하는 수단이 미약하여, 역할에 최선을 다할 유인이 없다는 것이 문제점이다. 최근에는 그 의미가 더욱 확장되어 법과 제도적 허점을 이용하여 자기 책임을 소홀하거나 집단적인 이기주의를 나타내는 행위, 또는 권한과 지위에 상응하는 책임을 제대로 지지 않는 경우에 이르기까지 광범위하게 나타나고 있다.

결론적으로, 우리 사회의 투명성이 높아질수록 그리고 실적이나 기여도에 따라 공정한 보상이 이루어지고 과오의 크기만큼 책임이 부과되는 공정한 규칙이 확립될수록 도덕적 해이문제는 크게 줄어들게 될 것이다.

## 26강 개요

| 자동차보험 가입자 특성 |
| --- |
| 운전 부주의 정도 높아짐 |

↓

| 사고 가능성 상승 → 전 가입자 보험료 상승 |
| --- |
| ⇒ 보험 가입자 감소 → 보험회사 유지 불가능 → 보험상품 사라짐 |

↓

| 보험상품 및 보험회사 유지 |
| --- |
| 사고운전자 보험료 할증, 무사고운전자 보험료 할인 |

| 도덕적 해이 |
| --- |
| 대리인이 본인의 기대와 다른 행동을 함으로써 본인에게 피해를 주는 행동 |
| 예) 보험가입자, 근로자, 전문경영인, 예금자보호제하 금융기관(예금보험 가입자) |

↓

| 도덕적 해이 해결책 | |
| --- | --- |
| 보험 | 사고자 보험료 할증, 기초공제 |
| 고용관계 | 성과급(스톡옵션 포함), 효율임금제, 감시·감독 |

# 제9장

# 불황과 인플레이션에 대해 정부는 어떻게 대처하는가?

# 27강 불황 때 정부는 왜 지출을 늘리고 중앙은행은 왜 통화량을 늘리는가?: 재정정책과 금융정책

불황 때 정부는 공공사업 등 여러 부문에서 지출을 늘리거나 세금을 인하하며, 중앙은행은 통화량을 증대시키는 것을 볼 수 있다. 이런 정책들이 경기를 회복시키는 방안이라고 생각하기 때문이다.

이런 정책들이 어떻게 경기를 부양시키는가?

불황이 발생하는 것은 생산물들이 잘 팔리지 않아 기업들의 수익성이 떨어지고, 그에 따라 생산을 축소하고 그 과정에서 실업이 발생하여 소득이 낮아지고 또 다시 수요[1]가 감소하여 생산활동이 계속 위축되기 때문이다. 따라서 불황의 궁극적인 원인을 수요부족에서 찾을 수 있다. 그러므로 불황을 극복하는 방법은 수요를 창출하는 것이다.

그러면 위의 정책들이 수요를 어떻게 창출시키는가?

우선 정부지출의 확대부터 살펴보자. 정부가 사용하는 재화를 민간으로부터 더 많이 구입하게 되면 재화의 수요가 증가한다. 또한 공공사업을 시행하게 되면 그 사업에 필요한 것들에 대한 수요가 증가한다.

---

1 이때 수요라는 것은 한 상품에 대한 수요가 아니라 모든 상품의 수요이다. 총수요라고 한다.

그 결과 생산활동이 확충되고 고용도 증가하여 전반적으로 소득이 높아지게 된다. 나아가 새로이 창출된 소득이 또 다른 수요를 창출하여 생산활동이 계속 확충되어 경기가 부양된다는 것이다.

또한 세금을 낮추면 실제 처분할 수 있는 가처분소득이 높아지므로 수요가 확충된다. 그 결과 생산활동이 더욱 활발해진다.

한편 중앙은행이 통화량[2]을 증대시키면 시중에 자금이 풍부해짐으로써 이자율이 하락한다.[3] 이자율이 하락하면 기업의 투자비용, 즉 투자를 위해 빌리는 자금에 대한 이자부담이 낮아짐으로써 투자가 촉진된다. 마찬가지로 소비자들도 구매를 위해 필요한 돈의 이자가 낮아짐으로써 소비가 촉진된다. 이와 같이 투자와 소비가 촉진됨으로써 자본재와 소비재에 대한 수요가 증가하여 경기가 활성화된다는 것이다.

이와 같이, 수요를 창출하기 위해 정부는 정부지출의 확대와 세금인하를 시도하고, 중앙은행은 통화량의 확대를 시도한다. 정부가 정부지출을 확대하거나 조세를 낮추는 정책을 **확대재정정책**이라 하고, 중앙은행이 통화량을 확대하는 정책을 **확대통화정책**(또는 금융정책)이라고 한다.

그러나 정부와 중앙은행이 확대재정정책이나 확대통화정책을 시행하더라도 경기가 생각처럼 부양되지 않고 있다. 그 이유는 무엇일까?

상기 정책들이 또 다른 한편으로는 수요를 오히려 위축시키거나 수요창출이 일어나지 않을 수도 있기 때문이다.

확대재정정책으로 수요창출효과뿐만 아니라 수요위축효과도 발생

---

2 통화량이란 시중에 유통되는 화폐의 양을 의미한다. 따라서 중앙은행이 보유하는 화폐량은 통화량이 아니다.

3 중앙은행이 통화량을 변동(증가와 감소)시키는 구체적인 방법들에 대해서는 28강에서 설명한다.

하는데 그 이유를 살펴보자. 정부가 확대재정정책을 하기 위해서는 돈이 필요하다. 정부는 지출할 돈을 기본적으로 세금으로 마련한다. 불경기이므로 세금을 더 걷는 것은 국민들의 반발을 초래한다. 대신 국채를 발행하여 조달한다. 국채를 시중은행이나 민간들이 구입한다. 따라서 화폐의 수요가 증가하고, 그 결과 이자율이 상승한다. 이러한 이자율 상승은 민간의 투자와 소비를 감소시켜 수요가 위축되는 것이다.

이처럼 정부지출 확대를 통한 확대재정정책이 이자율 상승을 초래하여 민간소비와 투자활동을 위축시키는 효과를 구축효과(crowding-out effect) 혹은 잠식효과라 한다. 구축효과가 있다는 것은 정부의 재정정책 효과가 그만큼 반감되는 것을 의미하고, 재정정책의 효과가 그리 크지 않다는 것을 시사한다.

한편 확대통화정책을 시행하여도 수요창출효과가 나타나지 않을 수가 있는데, 그 이유를 살펴보자. 중앙은행이 통화량을 확대하는 통화정책(금융정책)이 효과적이기 위해서는 경기침체시 정부가 통화량을 증대시켰을 때 이자율이 하락하여야 한다. 그래야만 기업과 가계에서는 금융기관으로부터 돈을 차입하는 기회비용이 하락함으로써 기업의 투자와 가계의 소비가 증대되고, 그로 인해 재화와 서비스의 생산이 증대되고 국민소득이 증가하는 경기부양이 가능하기 때문이다.

그런데 화폐공급량이 증가하더라도 이자율이 낮아질 수가 없는 경우가 발생한다. 이자율이 0% 이하로 낮아질 수 없다. 이와 같이 이자율이 0%인 경우 화폐공급량이 증가하더라도 이자율이 낮아질 수 없다. 따라서 이런 경우에는 확대통화정책이 효과를 발휘할 수 없다. 이와 같이 화폐공급량이 증가하더라도 이자율이 낮아지지 않는 경우를 유동성

함정(liquidity trap)에 빠졌다고 한다. 현실적으로는 이자율이 0%는 아니더라도 근접할 경우 이자율이 낮아지더라도 수요창출효과가 미미하기 때문에, 이런 경우도 유동성함정에 빠졌다고 한다. 유동성함정에 빠진 대표적인 경우가 1930년대 대공황 시절과 1990년대 일본이었다. 이런 경우에 확대통화정책이 효과를 거의 거둘 수 없었다.

한편 이자율이 하락하더라도 경제주체들(소비자나 기업)이 장래 경기에 대해 비관적이면 역시 소비나 투자가 증가하지 않으므로 경기부양을 시도하는 통화정책이 효과를 기대할 수 없게 된다. 이런 경우에 통화정책이 효과를 보려면 무엇보다도 경기회복에 대한 신뢰가 구축되어야 한다.

따라서 구축효과와 유동성함정이라는 부정적 효과를 상쇄시키면서 경기를 부양하기 위해서는 확대재정정책과 확대금융정책을 동시에 시행하여야 한다. 이것을 정책혼합(policy mix)이라고 한다.

# 27강 개요

| 불황의 원인 |
|---|
| 총수요 부족 |

↓

| 불황 대책: 총수요 증가 | |
|---|---|
| 재정정책 | 정부지출 증가, 조세 감면 |
| 통화정책 | 통화량 증가 |

↓

| 불황 대책의 문제점 | |
|---|---|
| 재정정책 | 구축효과 |
| 통화정책 | 유동성 함정 |

↓

| 문제점 해결 |
|---|
| 혼합정책 실시: 두 정책 동시 실시 |

MEMO

# 28강 중앙은행은 왜 출구전략을 시행하려고 하나?: 인플레이션

여러분들은 최근 경기회복조짐이 보임에 따라 각국의 중앙은행이 출구전략을 실시할 것이라는 뉴스를 접했을 것이다. 왜 이런 뉴스가 나오는가?

그 이유를 파악해 보자. 출구전략이란 경기를 부양하기 위하여 중앙은행에서 시중으로 풀린 돈, 즉 통화량을 중앙은행이 다시 거두어들이는 것을 의미한다. 앞강에서 본 바와 같이, 중앙은행이 확대통화정책을 함으로써 통화량이 증가한다. 또한 정부가 확대재정정책을 시행함으로써 통화량이 증가할 수도 있다. 왜냐하면, 정부가 확대재정정책을 위한 자금을 마련하기 위해 국채를 시중에 매각하지 않고 중앙은행에게 매각한다면, 중앙은행이 보유한 화폐가 정부를 통해 시중에 풀려나감으로써 통화량이 증가한다.

이와 같이 통화량의 증가로 경기는 회복되지만 반면에 물가[1]가 지속적으로 상승하는 인플레이션(inflation)이 발생한다. 그 이유는 다음과 같다. 전반적으로 수요가 증가하면서 생산이 증가하는데, 생산이 증가하려면 자재와 노동 등의 생산요소가 더 많이 필요하므로 자재비 및

1 물가라는 것은 한 상품의 가격이 아니라 모든 상품가격의 평균적인 수준이다.

인건비 등의 비용이 상승함으로써 가격들이 상승하기 때문이다.

인플레이션이 발생하면 다음과 같이 경제에 악영향을 미친다.

첫째, 투자와 소비가 위축되어 경기가 침체한다. 인플레이션이 발생하면서 물가가 계속 상승하므로 장차 물가가 얼마나 더 오를지 예측하기 어려워지게 된다. 따라서 기업들은 (장차 내놓을 상품의 가격을 정하고 예상이익을 계산하는 등) 판매와 생산에 관련된 사업계획을 제대로 세울 수 없다. 결국 미래가 불확실해지므로 사업계획을 미루고 투자를 꺼리거나 줄이게 된다. 그러면 고용이 서서히 줄어든다. 고용이 감소되면서 가계의 소득도 감소하여 수요가 감소한다. 그 결과 판매와 생산은 더욱 더 감소되어 경기가 침체한다.

둘째, 사회구성원들의 소득과 부를 재분배하기 때문에 손해를 보는 사람들의 불만이 커진다. 인플레이션이 발생하면 실물은 가격 상승으로 가치가 상승하는 반면, 가격이 상승하면 똑같은 금액으로 구입할 수 있는 재화의 양이 줄어들기 때문에 돈의 가치가 떨어진다. 따라서 예금과 같은 화폐자산을 보유한 사람과 급여나 연금 등 화폐소득을 획득하는 사람들은 손해를 보고, 부동산 등 실물을 보유한 사람은 득을 본다. 또한 돈을 받아야 하는 채권자는 받을 돈의 가치가 하락하기 때문에 손해를 보는 반면, 돈을 갚아야 하는 채무자는 갚아야 할 돈의 가치가 하락하기 때문에 이득을 본다. 이와 같이 사람들이 부와 소득을 획득하기 위한 노력과 관계없이 소득과 부를 재분배하기 때문에 손해를 보는 사람들의 불만이 커진다.

셋째, 생산적인 활동보다는 비생산적인 활동에 전념하는 결과를 가져와 국가경제가 파탄에 도달할 수 있다. 위에서 본 바와 같이 인플레이션의 발생으로 실물자산을 보유하는 것이 득이 되므로 누구나 부동산이나 귀금속, 골동품 등 실물자산을 구매하려고 노력을 하게 되고 화폐소득을 획득하기 위한 생산활동에는 관심을 두지 않는다. 따라서 생산활동은 급격히 감소하여 국가경제가 파탄에 도달할 수 있다.

넷째, 국제경쟁력을 약화시켜 수출이 감소하여 경제가 어려워진다. 인플레이션은 수출품의 가격을 인상시키므로 수출품의 국제경쟁력을 떨어뜨리게 된다. 그 결과 수출이 감소하여 경제가 어려워진다.

다섯째, 화폐가 교환수단으로서 기능을 하지 못함으로써 경제가 마비된다. 인플레이션의 발생으로 생산비용이 증가함으로써 투자가 위축되어 경기가 다시 침체될 수 있다. 이를 방지하기 위해 또 다시 통화량을 증대시키는 정책을 할 경우 화폐는 가치가 없는 종잇조각에 불과하게 된다. 그 결과 화폐가 교환수단으로서 기능을 하지 못함으로써 경제가 마비된다. 1차 대전 후 독일과 20세기 후반에 아르헨티나에서 이런 상황이 발생하였다.

이와 같이 인플레이션은 악영향을 초래하므로 각국 정부는 인플레이션을 방지하려고 노력한다.

위에서 본 것처럼, 통화량이 증가하면 인플레이션이 발생한다. 물론 인플레이션의 원인은 통화량의 증가만이 아니다. 수요가 증가하면 재화들의 가격이 상승하므로 인플레이션이 발생한다. 불황을 타개하기 위한 수요증가정책이 확대재정정책과 확대금융정책이다. 앞강에서 본 확대재정정책은 통화량의 증가로 이루어진 것이 아니라 시중자금을 정부가 빌려서 한 것이다. 이 경우 그 정책은 물가에 일시적으로 영향을 줄 수 있으나 궁극적으로 구축효과가 발생하므로 거의 영향을 못 미친다. 그러나 본 강에서 언급한 통화량 증가에 의한 확대재정정책과 통화량을 직접 증가시키는 확대금융정책은 인플레이션을 발생시킨다. 그러므로 인플레이션의 주요 요인은 통화량의 증가로 볼 수 있다. 세계 각국의 물가상승률과 통화량증가율을 비교해보면 놀랄 만큼 강한 비례관계가 나타나고 있다. 통화량의 1% 증가는 바로 물가의 1% 증가를 가져올 만큼 거의 정비례관계를 보이고 있다.

따라서 인플레이션을 방지하기 위해서는 중앙은행이 경기 활성화를 위해 증가시킨 통화량을 다시 회수해야 한다. 이런 연유로 여러분들은 최근 경기회복조짐이 보임에 따라 각국의 중앙은행이 출구전략을 실시할 것이라는 뉴스를 접하게 되는 것이다.

그러면 중앙은행은 어떤 방법으로 통화량을 늘리고 줄이는가? 세 가지 방법을 이용한다: 공개시장 정책, 지급준비율 정책, 재할인율 정책.

첫째, 공개시장 정책이란 공개시장[2]에서 중앙은행이 국공채의 매입 또는 매각으로 통화량을 조절하는 방법이다. 중앙은행이 시중은행이나 일반인이 보유하고 있는 공채를 매입하면 중앙은행의 화폐가 시중으로 나가기 때문에 통화량이 증가한다. 반대로, 중앙은행이 보유하고 있는 국공채를 시중은행이나 일반인에게 매각하면 화폐가 중앙은행에 흡수됨으로 통화량이 감소한다.

둘째, 지급준비율 정책이란 지급준비율을 변동시킴으로써 통화량을 조절하는 정책이다. '지급준비율'이란 요구불예금에 대한 지급준비금의 비율이다. '요구불예금'이란 예금자가 요구하면 반드시 은행이 지급해야 하는 예금으로서 보통예금이 여기에 해당된다. 반면, 저축성예금은 만기가 될 때 찾을 수 있는 예금으로서 정기예금이나 적금이 여

2 공개시장이란 거래자에 대한 제한이 없어 누구나 거래에 참여할 수 있는 시장이다. 반면, 폐쇄시장이란 거래자에 대한 제한이 있는 시장으로서 아무나 거래에 참여할 수 없다.

기에 해당된다. 지급준비금은 요구불예금의 인출에 대비하여 은행이 요구불예금 중 대출하지 않고 준비(보유)하고 있는 현금이다. 은행은 기본적으로 저축성예금을 대출하여 그로부터 수익을 창출한다. 요구불예금도 대출할 수 있으면 더 많은 수익을 창출할 수 있다. 하지만 요구불예금은 예금자가 언제든지 인출을 요구할 수 있는 것인데, 은행이 그 예금을 대출하면 예금자가 원할 때 지급할 수 없다. 따라서 요구불예금을 대출자금으로 전환할 수 없다. 하지만 모든 예금자가 동시에 예금 전부를 인출하지 않는다. 따라서 요구불예금 전부를 지급준비금으로 보유할 필요는 없고, 일부만 지급준비금으로 보유하고 나머지는 대출자금으로 이용할 수 있다. 그러나 은행이 욕심을 내어 지급준비금으로 조금만 보유한다면 예금인출에 문제가 발생하므로 중앙은행은 요구불예금에 대한 지급준비금의 비율, 즉 지급준비율을 규정하고 있다. 만약 지급준비율을 낮추면 은행이 대출을 많이 할 수 있으므로 시중의 통화량은 증가한다. 대출을 통한 통화량의 증가과정은 다음과 같다. 대출금이 다시 입금되고 그 중 일부가 또 대출되어 또 다시 입금되는 식으로 계속되면 현금과 같은 요구불예금이 많이 증가되어 시중통화량이 증가한다. 이것을 신용창조라고 한다. 반면 지급준비율을 높이면 대출할 수 있는 금액이 감소하므로 통화량은 감소한다.

셋째, 재할인율 정책이란 재할인율을 변동시킴으로써 통화량을 조절하는 정책이다. '재할인율'이란 중앙은행이 시중은행에게 적용하는 할인율이다. 어음 소지자는 만기가 되어야 현금화할 수 있다. 그러나 현금이 급하면 은행에 가서 어음을 담보로 현금화할 수 있다. 이때 어음에 기재된 금액(액면액)을 전부 현금화할 수 없다. 만기 이전에 현금화하여 사용하는 대가로 어느 정도 할인된 액수만을 현금화할 수 있다. 만약 100만원짜리 어음을 담보로 90만원으로 현금화할 수 있을 때, 할인율은 10%이다. 이제 어음을 보유한 시중은행은 그 어음을 현금화시킴으로써 또 다시 수익을 창출할 수 있는 대출을 할 수 있다. 이를 위해 시중은행은 중앙은행에 가서 어음을 담보로 현금화한다. 이때 적용되는 할인율을 재할인율이라고 한다. 만약 재할인율이 낮으면 똑같은 어음을 담보로 더 많이 현금화할 수 있으므로 더 많은 대출을 할 수 있다. 그 결과 요구불예금이 증가하여 통화량이 증가한다. 반면 재할인율을 높이면 통화량이 감소한다. 재할인율은 실제로 중앙은행이 시중은행에게 적용하는 이자율과 같다. 금융통화위원회에서 결정하여 발표하는 금리가 바로 이것이다.

정부는 고용안정과 물가안정을 추구한다. 이를 위해 사용하는 정책을 경제안정화정책이라고 한다. 그러나 위에서 본 바와 같이, 실업을 줄이기 위해 경기를 활성화하는 정책(확대재정정책과 확대금융정책)을 시행하면 물가가 상승하는 인플레이션이 발생한다. 인플레이션을 방지하기 위해 통화량을 줄이는 정책(출구전략인 긴축금융정책)을 시행하면 이자율이 상승하여 투자와 소비가 위축됨으로써 경기가 침체한다. 따라서 고용안정과 물가안정이라는 두 마리 토끼를 동시에 잡을 수 없는 딜레마에 직면한다. 그러므로 정부는 실업이 심각할 때는 어느 정도 물가상승을 감수하면서 고용안정을 위한 확대재정 및 금융정책을 시행하고, 인플레이션이 심각할 때는 어느 정도 경기침체와 실업을 감수하면서 물가안정을 위한 출구전략(긴축금융정책)을 시행한다.

위에서 본 것처럼, 일반적으로 인플레이션은 경기가 호전되면서 발생한다. 그런데 1970년대 이후 경기가 침체하면서 인플레이션이 발생하였다. 이런 현상을 스태그플레이션(stagflation)이라고 한다. 그 명칭은 그것에서 발생하는 두 가지 현상, 즉 경기침체라는 스태그네이션(stagnation)과 인플레이션(inflation)이라는 두 단어가 합성된 신조어다. 이것의 원인은 수요의 증가가 아니라 공급의 감소이다. 공급이 감소한 원인은 임금이나 원자재 가격 등 생산요소의 가격이 상승했기 때문이다. 1970년대 중반과 후반에 겪었던 극심한 인플레이션은 바로 석유파동으로 인해 국제원유가가 크게 상승하였기 때문에 나타난 전형적인 스태그플레이션이었다. 스태그플레이션에 대한 대책으로서 경제안정화정책을 시행하기 힘들다. 물가상승을 억제하기 위해 통화량을 감소시키면 나쁜 경기가 더욱 침체되고, 경기를 호전시키기 위해 확대금융 및 재정정책을 사용하면 물가는 더욱 더 급격히 상승하기 때문이다. 그것의 궁극적인 원인인 임금이나 원자재 가격 등을 하락시키는 것이 보다 효율적인 대책이다. 하지만 그것을 시행하는 것도 쉽지 않다. 임금을 하락시키려 하면 근로자와 노동조합의 반발이 거세고, 국내 정책으로 해외에서 수입하는 원자재 가격을 하락시키는 것은 거의 불가능하기 때문이다.

한편, 때때로 주부들은 시장을 보면서 느낀 장바구니 물가와 정부가 발표하는 물가지수(price index)와 상당한 차이를 느끼면서 의아해하는 경우가 많다. 왜 그럴까?

우리가 피부로 느끼는 체감물가수준은 개인의 소비패턴에 따라 많은 차이가 있게 된다. 자가승용차로 출퇴근하는 사람에게는 버스요금이 오른 것은 아무런 상관이 없고, 채식주의자에게는 쇠고기값 인상은 남의 이야기에 불과하다. 그러니까 개인별로 피부에 와 닿는 물가지수를 구하기 위해서는 개인별로 자신의 소비지출 구조에 맞게 재단된 물가지수가 있어야 할 것이다. 하지만 소비자별로 물가지수를 구할 수는 없을 것이다. 따라서 정부발표 물가지수와 체감물가지수와는 차이가 발생하는 것이다.

발표되는 대표적인 물가지수는 3가지이다. 소비자물가지수(consumer price index: CPI), 생산자물가지수(producer price index: PPI), GDP디플레이터(GDP deflator)이다.

소비자물가지수(CPI)는 소비재[3]를 대상으로 측정한 물가지수이다. 생산자물가지수(PPI)는 생산재[4]를 대상으로 측정한 물가지수이다. GDP디플레이터는 거의 모든 재화와 용역을 포함하는 물가지수이다.

그러면 어느 것을 사용하는 것이 가장 좋은가? 소비자물가지수가 가장 일반적으로 사용되고 있지만 어느 것을 선택하느냐 하는 것은 어떤 목적으로 물가를 측정하고자 하느냐에 달려 있다. 소비자의 생계비의 변화를 보고자 한다면 소비자물가지수가 적합할 것이고, 생산비의 변화를 알고자 할 때에는 생산자물가지수가 가장 적합할 것이며, 전반적인 물가 변화를 보고자 한다면 GDP디플레이터가 더 적합할 것이다. 보통 물가상승률이라고 하면 GDP디플레이터의 상승률이다.

---

3 예컨대 음식료품, 의복, 주택, 연료, 교통, 의약품 등인데, 현재 통계청에서 산정하고 대상품목은 2010년 기준 481종 생활필수품이다.

4 국내시장의 제1차 거래단계(국산품의 경우 공장도, 수입상품의 경우 수입상판매단계)에서 기업 상호간에 거래되는 모든 재화이다. 이발, 교통 등 용역은 당연히 포함되지 않는다.

## 28강 개요

| 인플레이션 |
| --- |
| 지속적인 물가상승 |

↓

| 인플레이션 문제점 |
| --- |
| 1) 소비와 투자 위축 → 경기침체<br>2) 소득과 부의 재분배<br>3) 비생산적 활동에 전념<br>4) 국제경쟁력 약화<br>5) 화폐 교환수단의 기능 마비 |

↓

| 인플레이션 주요 원인 | |
| --- | --- |
| 통화량 증가 | |
| 수단 | 공개시장 조절, 지불준비율 조절, 재할인율 조절 |

↓

| 인플레이션 대책 |
| --- |
| 통화량 감소: 출구전략 |

| 스태그플레이션 |
| --- |
| 경기침체하 물가상승 |

↓

| 스태그플레이션 대책의 난점 | |
| --- | --- |
| 물가상승 억제 | 경기침체 더 악화 |
| 경기부양 | 물가상승 가속화 |

MEMO

# 29강 정부가 경기부양책을 시행해도 왜 일자리 창출이 잘되지 않는가?: 실업

일반적으로 경기가 나빠지면 일자리가 줄어들어 실업이 증가하고, 경기가 좋아지면 일자리가 늘어나므로 실업이 감소한다고 생각한다. 그런데 정부가 경기부양책을 시행하고 있는데도 불구하고 일자리가 많이 창출되지 않고 있다. 왜 이런 상황이 전개되는지를 살펴보자.

우선, 27강에서 다룬 혼합정책, 즉 확대재정정책과 확대금융정책을 동시에 사용하는 정책을 시행하더라도, 구축효과와 유동성함정이라는 부정적 효과가 크게 상쇄되지 않아서 경기가 정부의 의도대로 호전되지 않을 수 있다. 그 결과 일자리가 많이 창출되지 않을 수 있다. 하지만 그런 정책이 효과를 발휘하여 경기가 호전되는데도 불구하고, 그에 비례하여 일자리가 창출되지 않는 상황을 우리는 겪고 있다. 그 이유는 무엇일까?

경기가 호전되어 수요가 증가하면 판매가 증가하고 가격이 상승함으로써 생산을 증가시키고자 한다. 그 결과 고용에 대한 수요가 증가한다. 그러나 고용에 대한 수요 증가에 따른 인건비 상승이 너무 과도하면 수익성이 떨어져 고용은 증가하지 않는다. 따라서 인건비의 상승이

고용증가에 따른 판매수입의 증가를 초과하지 않을 때까지 고용이 증가한다. 그런데 인건비의 상승이 너무 과하면 고용은 크게 증가하지 못한다. 그 결과 경기가 호전되는데도 불구하고 일자리가 많이 창출되지 않아서 실업자가 여전히 많다.

그러면, 인건비가 과도하게 상승하는 이유는 무엇일까? 주요인은 노동조합이 과도한 임금상승을 관철시키기 때문이다.[1] 기업은 수요증가에 따라 상승하는 시장임금을 지급하려고 한다. 그런데 노동조합은 노동자의 근로조건 개선을 위하여 노동자들을 대표하여 단체교섭을 하는데, 노동조합의 단체교섭에 의한 임금은 일반적으로 시장임금보다 훨씬 높은 임금을 요구한다. 기업은 노동조합의 요구에 응할 수밖에 없다. 노동조합은 그들이 요구하는 임금수준을 받아들이지 않으면 파업할 수 있기 때문이다. 노동조합이 요구하는 임금상승률이 생산물의 가격상승률과 같다면 고용은 증가하지 않는다. 그들이 요구하는 임금상승률이 생산물의 가격상승률보다 높으면 오히려 고용은 감소한다. 기업들이 노동조합의 임금수준을 거부하면서 스스로 폐업을 한다면 고용은 더욱더 감소한다. 만약 그들이 시장임금을 받아들이면 고용은 증가한다.

이와 같이 경기가 호전될 때에도, 노동조합이 시장임금보다 높은 임금을 관철시키면 고용이 증가하지 않거나 감소한다. 그 결과 일자리는 창출되지 않거나 오히려 줄어든다. 만약 위에서 본 바와 같이, 노동조합이 임금상승률을 생산물의 가격상승률보다 높게 관철하면, 고용이 감소하게 되어 해고가 발생한다. 그런데 해고가 발생할 수 있는 임금을

1 이승모(2012), pp. 143~163 참조.

노조원들은 왜 받아들이는 것일까?

첫째, 그들이 해고를 당하지 않기 위해 낮은 임금으로 일하려고 하면, 그들은 노조로부터 자신만을 위해서 다른 노동자의 임금을 낮추는 비열한 인간인 파업파괴자로 낙인찍히기 때문이다.

둘째, 해고되지 않으면 더 많은 임금을 얻을 수 있으므로 나만 해고되지 않으면 된다는 사고가 팽배하기 때문이다.

한편, 이와 같은 해고가 발생하면, 노조가 없는 다른 부문의 근로자들의 임금이 낮아지거나 일자리를 잃는다. 노조에 의한 임금교섭으로 한 기업 혹은 한 산업에서 해고된 노동자들이 실업으로부터 벗어나기 위해서는 노조가 조직되지 않은 기업 및 산업으로 이동해야 한다. 그들의 이동으로 노조가 없는 기업이나 산업에서는 노동공급의 증가로 임금수준이 낮아진다. 임금수준이 너무 낮아지면 노동자들은 일할 의욕이 감퇴되어 구직을 포기하게 된다. 따라서 기업도 현재의 낮은 시장임금을 상승시킬 것이지만, 이 임금 수준에서는 실업자들이 모두 고용될 수 없다. 이와 같이 노동조합에 의한 임금교섭은 해고되지 않고 남아 있는 노동자들의 임금수준을 높이는 대신 여타의 모든 노동자들에게 다음과 같은 희생을 치르게 한다. 임금수준을 낮추거나 영구적 혹은 반영구적 실업자로 만든다.

위의 결과를 반박하는 주장들, 즉 노조에 의한 임금교섭이 다른 노동자들에게 피해를 주지 않고서도 임금을 상승시킬 수 있다는 주장들이 있다. 노동시장의 수요독점과 효율임금가설이 대표적인 주장이다. 차례로 살펴보자.

노동시장의 수요독점이란 노동시장에서 노동의 구매자가 하나인 경우이다. 노동시장이 수요독점일 경우 노동의 구매자가 독점력을 이용하여 독점이득을 획득한다. 노조의 임금교섭으로 임금이 상승될 경우 그 독점이득 중 일부가 임금상승분으로 이전되므로 고용은 감소되지 않는다. 따라서 노조에 의한 임금교섭이 다른 노동자들에게 피해를 주지 않고서도 임금을 상승시킬 수 있다.

그러나 대부분의 노동은 한 기업에서만 고용될 수 있는 특수한 노동이 아니다. 비특수적인 노동을 소유한 노동자들은 임금 등을 고려하여 다른 기업과 산업으로 이동할 수 있다. 따라서 이런 노동에 대한 수요독점은 없다. 일부 노동은 특수한 성격을 지니고 있다. 특수성이란 노동이 제공하는 서비스나 기술이 다른 용도(기업)에는 사용될 수 없고 오직 한 용도(기업)에서만 사용되는 것이다. 따라서 수요독점이다. 하지만 특수노동은 기업과 노동자 간 일대일 협상에 의해 임금이 결정되므로 단체교섭에 의한 해고나 실업 등의 결과가 도출되지 않는다. 그러므로 특수노동은 논의의 대상이 아니다. 이와 같이 대부분의 노동은 수요독점이 아니므로 노조에 의한 임금교섭이 다른 노동자들에게 피해를 주지 않고서도 임금을 상승시킬 수 있다는 주장은 잘못된 것이다.

26강에서 본 것처럼, 효율임금가설은 임금이 높아지면 근로의욕이 고취되거나 이직률이 낮아져서 노동자들의 생산성이 높아지고 그 결과 수익성이 높아진다는 주장이다. 따라서 노동조합이 임금을 상승시키더라도 해고나 실업 등의 결과를 초래하지 않는다. 그러나 이 주장이 옳다면 노동조합에 의한 임금교섭이 필요하지 않을 것이다. 왜냐하면, 고용주들은 언제나 더 큰 이윤을 획득하기 위해 스스로 임금을 상승시킬 것이기 때문이다. 이런 경우에도 노조가 구태여 임금교섭을 한다면 임금수준은 기업이 제시한 임금상승 수준보다 더 높아지는 경향이 있을 것이고, 그 결과 위에서 지적한 해고나 실업이 발생할 것이다.

이상의 분석 결과에 따르면, 노조에 의한 임금교섭에서 노조는 일부 노동자들에게 피해를 주지 않고서는 임금을 상승시킬 수 없다는 것을 알 수 있다. 노조가 이런 부작용을 초래한다고 해서 노조설립을 저지해서는 안 된다. 22강에서 언급한 것처럼, 노조는 과도한 임금인상의 추진을 목표로 하기보다는 근로자의 인권의 침해나 부당한 해고 등을 방지하는 데 중점을 두고 운영되어야 할 것이다.

물론 임금이 시장에서 결정되더라도 실업이 발생할 수 있다. 시장에서 임금은 노동의 수요와 공급에 의해 결정된다. 그 임금수준에서 일하고자 하는 사람은 모두 고용된다. 단지 시장임금 수준보다 높은 임금을 원하는 사람만 고용되지 않는다. 자발적 실업만 존재할 뿐 비자발적 실업은 존재하지 않는다. 자발적 실업자는 현행 임금수준이 낮기 때문에 스스로 실업상태에 있는 사람들이다. 반면, 비자발적 실업자는 현행 임금수준에서 일자리를 원하는데도 불구하고 일자리를 구할 수 없어서 실업상태에 있는 사람들이다. 자발적 실업은 실제로 문제가 되는 것이 아니다. 왜냐하면, 현행 임금수준에서 일자리를 구하려고 한다면 쉽게 일자리를 구할 수 있기 때문이다. 따라서 비자발적 실업이 사회문제가 된다. 그러므로 고용문제는 비자발적 실업을 해결하는 것이다. 그래서 실업이라고 할 경우 보통 비자발적 실업을 의미한다.

한편 경기가 침체되면 일자리가 줄어들기 때문에 실업이 증가한다고 생각할 수 있다. 하지만 위의 논리, 즉 임금결정을 시장에 맡겨놓으면 비자발적 실업은 존재하지 않는다는 논리에 입각하면, 경기가 침체되더라도 실업은 증가하지 않는다. 경기가 나빠지면 노동에 대한 수요가 감소한다. 그 결과 임금이 낮아지게 된다. 만약 경기침체 이전에 고용된 사람들이 이 임금수준을 받아들인다면 해고는 발생되지 않는다. 그러나 그 중에서 이 임금을 받아들이지 않고 전과 같이 높은 임금을 고수하는 사람들은 해고를 당한다. 실업이 발생하더라도 자발적 실업만이 발생할 뿐이다. 그렇다면 비자발적 실업이 존재하는 이유는 무엇인가? 그것은 노동조합이 임금하락을 거부하기 때문이다. 위에서 본 것처럼, 기업이 노조가 원하는 임금하락 거부를 받아들인다면 일부 노동자들이 해고되고, 또한 노조의 임금수준을 거부하는 기업들은 스스로 폐업한다. 그 결과 실업이 증가한다. 따라서 경기가 침체할 때 실업이 발생하는 주요인은 노조가 임금하락을 거부하기 때문이라는 것을 알 수 있다. 경기가 침체하더라도 노조 등이 임금하락을 거부하지 않는다면 실업은 증가하지 않는다.

한편 임금이 하락하면 노동자의 생활수준이 낮아지기 때문에 노조가 임금하락을 거부할 수밖에 없다고 주장한다. 하지만 경기침체기간 동안 재화의 가격도 하락한다. 따라서 노동자의 실질임금, 즉 임금으로 재화를 구매할 수 있는 능력(임금의 구매력)은 하락한 것이 아니므로 생활수준이 낮아지는 것이 아니다. 임금하락이 노동자의 생활수준을 낮추는 것이 아니다. 생활수준은 실질임금에 달려 있다.

이상의 논의에 따르면, 어떤 이유로 경기가 침체하더라도 임금이 시장임금수준으로 낮아지면 실업이 발생하지 않고, 그들의 임금소득으로 수요가 유지됨으로써 경기가 더욱 침체되지 않는다. 오히려 임금 등 요소가격이 하락하였으므로 채산성이 있기 때문에 기업들의 투자 및 생산이 촉진되어 경기가 점진적으로 회복될 수 있다. 그러므로 경기가 침체할 때 노조나 근로자들이 이전과 같은 높은 임금을 고수하지 않는다면 경기침체는 중단되고 다시 회복하게 된다는 시사점을 우리는 얻을 수 있다.

그러나 노조와 근로자들이 임금하락을 거부한다면 정부는 경기부양을 위해 확대재정 및 금융정책을 시행할 수밖에 없다. 그러나 이런 정책은 위에서 본 것처럼 기대만큼 좋은 효과를 거두지 못한다.

위에서 시장에서 임금이 결정되더라도 자발적 실업이 발생한다고 했다. 이에 해당하는 실업이 마찰적 실업이다. 마찰적 실업은 임금이 높거나 근로조건이 좋은 일자리를 탐색하거나 직업을 바꾸는 과정에서 발생하는 실업이다. 이런 유형의 실업은 자신들의 능력을 보다 잘 발휘할 수 있는 곳으로 옮겨가는 과정에서 스스로 선택하여 자발적으로 발생하는 것으로 나쁜 것이라 할 수 없다. 아울러 근로자들이 종전보다 더 생산적인 일자리로 이동함으로써 실질산출량이 증대될 수 있기 때문에 국민경제 전체적으로는 효율적인 자원배분을 초래한다.

어느 사회에서나 이러한 마찰적 실업은 어느 정도 불가피하므로 실업률 0%인 사회는 없다. 이런 의미에서 마찰적 실업만 있는 상태를 완전고용이라 한다. 그러므로 완전고용이라고 해서 실업률이 0%라는 것을 의미하는 것은 아니고, 비자발적 실업자가 존재하지 않고 자발적인 실업자만 존재하는 경우의 실업률을 의미한다.

이런 마찰적 실업을 줄일 수 있다면, 생산력은 더욱 높아질 것이다. 마찰적 실업이 존재하는 이유는 구인·구직에 대한 정보가 부족하기 때문이다. 따라서 구인·구직에 대한 정보를 쉽게 많이 제공되면 마찰적 실업은 상당히 감소시킬 수 있다. 그래서 이런 정보들을 사적 및 공공 부문에서 제공하고 있다. 사적 부문에서는 리쿠르트 등에서 제공되며, 공공부문에서는 고용노동부에서 고용안정센터와 취업박람회를 운영하여 그것을 공짜로 손쉽게 이용할 수 있도록 제공하고 있다. 이런 정보를 제공하더라도 그 정보를 파악하고 결정을 내리는 데 시간이 소요되므로 마찰적 실업은 어느 정도 존재하기 마련이다. 현재 한국의 경우 마찰적 실업의 수준은 3% 내외, 미국의 경우 5% 정도로 추정된다.

또한 산업구조의 조정과정에서 어떤 산업이 사양화되거나 기술혁신으로 종래의 기술이 사양화됨으로써 실업이 발생할 수 있다. 이런 실업을 구조적 실업이라 한다. 구조적 실업자는 새로운 기술을 배우지 않으면 막노동 등 임금이 낮은 수준에 고용될 수밖에 없다. 따라서 그들의 생산성과 소득을 높이기 위해 훈련프로그램이 필요하다. 이를 위해 정부는 무료로 재훈련을 받을 수 있는 기회를 제공하고 있다. 기업도 사전예고퇴직제를 실시한다면 근로자들이 새로운 기술을 미리 배울 수 있음으로써 다른 직종에 빨리 재취업할 수 있게 된다.

## 29강 개요

경기 상승 → 고용 증가 × 또는 소폭 증가

↑

| | |
|---|---|
| 노조<br>시장임금 이상 인상 | 경기 상승 → 노동수요 증가 → 고용 증가<br>→ 노조 임금 과다 인상 → 고용 감소 |
| 정부<br>최저임금제 | 경기 상승 → 노동수요 증가 → 고용 증가<br>→ 정부 최저임금제 → 고용 감소 |

| 실업 | |
|---|---|
| 자발적 실업 | 현행 임금수준에서 일자리를 원하지 않아서 실업상태: 문제 안 됨 |
| 비자발적 실업 | 현행 임금수준에서 일자리를 원하나 실업상태: 문제의 실업 |

MEMO

# 제10장
# 각국은 환율변동과 무역협정에 왜 촉각을 곤두세우는가?

30강 _ 수출기업은 왜 환율하락을 싫어하는가?:
환율변동효과 및 헤징

31강 _ FTA로 우리나라 농업이 도태되는가?:
자유무역 및 보호무역의 효과

# 30강 수출기업은 왜 환율하락을 싫어하는가?: 환율변동효과 및 헤징

수출기업은 환율이 너무 하락하면 채산성이 맞지 않는다고 한다. 왜 그런가? 이를 파악해 보자.

환율(exchange rate)은 두 나라 화폐 간 교환비율이다. 환율을 표시하는 방법은 두 가지이다. 하나는 외국 돈 1단위가 자기나라 돈 몇 단위와 교환되는가를 나타내는 방법이다. 예를 들면, 우리나라처럼 1달러=1,000원과 같이 표시하는 것이다. 이것을 자국통화표시환율(또는 지급환율)이라 한다. 다른 하나는 자국 돈 1단위가 외국 돈 몇 단위와 교환되는가를 나타내는 방법이다. 예를 들면, 미국처럼 1달러=1,000원, 1달러=100엔과 같이 표시하는 것이다. 이것을 외국통화표시환율(또는 수취환율)이라고 한다. 미국과 유럽 일부 국가를 제외하고는 자국통화표시환율을 사용하고 있다.

자국통화표시환율을 사용할 때, 환율이 상승하면 자국 돈의 가치는 상승하는가 아니면 하락하는가? 환율이 1달러 1,000원에서 1,500원으로 상승한다면 1달러짜리 상품을 구입하기 위해 1,000원이 아니라 1,500원으로 구입해야 하므로 우리 돈의 가치는 하락한다. 따라서 자국통화표시환율을 사용할 때, 환율이 상승하면 자국 돈의 가치는 하락한다는 결론이 도출된다. 반면, 외국통화표시환율일 경우 환율이 상승하면 자국 돈의 가치는 상승한다. 그러므로 우리나라에서 환율이 상승한다고 하면 우리 돈의 가치는 하락하는 것이다. 지금부터 언급하는 환율은 우리나라에서 사용하는 자국통화표시환율을 지칭한다.

환율이 하락하면 우리 돈의 가치는 상승하는데, 수출업체는 왜 싫어할까?

환율이 달러 당 1,000원에서 500원으로 하락하면 1,000원짜리 수출품은 1달러에서 2달러로 상승한다. 이와 같이 수출품 가격이 상승하면 국제경쟁력이 낮아지므로 수출량이 감소한다. 해외시장에는 모든 나라 상품들이 경쟁한다. 따라서 수출품에 대한 대체재들이 많기 때문에 수출품의 수요는 탄력적이다. 즉, 수요가 가격에 민감하게 반응한다. 그 결과 수출품의 가격이 상승하면 가격상승률보다 판매량(수요량)의 감소율이 더 크므로 판매수입이 감소한다. 이와 같이 환율이 하락하면 수출품의 판매수입이 감소하기 때문에 수출업체들은 환율하락을 싫어한다. 오히려 수출업체들은 환율상승을 선호한다.

반면에 원료나 원자재를 수입하는 업체들은 환율이 상승하면 우리 돈으로 지불하는 금액이 높아져 비용이 상승하기 때문에 싫어한다. 10강에서 본 것처럼, 일반적으로 비용의 상승분만큼 가격을 상승시킬 수 없기 때문이다. 외국여행을 하려고 하는 사람들도 싫어한다. 이전보다 더 많은 비용이 들기 때문이다. 그래서 환율이 상승하면 외국여행이 줄어든다. 반면에 외국인들은 그들의 돈 가치가 높아져서 우리나라 여행의 비용이 감소하므로 외국인들의 국내여행이 증가한다.

환율이 상승하더라도 수출업체들이 반드시 좋아하는 것은 아니다.

우리의 경쟁상대국들의 환율이 더 많이 오르면 우리 수출품의 가격하락보다 그들의 가격하락이 더 크므로 오히려 가격경쟁력이 떨어져 판매수입이 오히려 감소하기 때문이다. 항상 경쟁국의 환율변동과 상대적으로 비교해야 한다.

한편, 수출입업체들의 대금결제는 즉시 이루어지기보다는 몇 달 후에 이루어진다. 따라서 결제시점에 환율이 변동하면 우리 돈으로 환산한 수출 및 수입 금액이 변동한다. 그 결과 환율변동으로 수출입업체들이 이익을 볼 수도 있고 손해를 볼 수도 있다. 경제활동의 결과 환율은 변동하기 마련이다.[1] 이익을 볼지 손실을 볼지 미리 알 수 없다. 따라서 손실을 회피할 수 있다면 그 방법을 이용할 것이다. 이와 같이 미래가격의 변동에 따른 위험(즉, 손실)을 회피하는 것을 헤징(hedging)이라고 한다. 환율변동에 따른 위험을 회피하는 것을 환헤징이라 한다.

환헤징을 하는 대표적인 방법은 선물환을 이용하거나 통화옵션을 이용하는 것이다. 통상적인 거래는 계약 이후 즉시 혹은 2~3일 이내에 상품의 인수도(인수 및 인도)와 대금결제가 동시에 이루어진다. 이에 반해 어떤 거래는 계약할 때 미래 일정시점에 거래될 상품의 가격과 거래량을 정하고, 계약상 정해진 날에 계약된 조건으로 상품의 인수도와 대금결제가 이루어진다. 즉, 미래에 거래될 상품의 가격과 거래량을 현재시점에서 정하고 상품의 인수도와 대금결제는 나중에 이루어지는 것이다. 전자의 거래를 현물(現物: spot)거래라 하고, 후자를 선물(先物: future)거래라 한다.[2] 따라서 선물거래는 일정기간 후 거래될 상품의 가

1 환율이 변동하는 이유는 뒤에서 다룬다.

2 계약일이 결제일(실물 인수도와 대금결제가 이루어지는 날)보다 먼저 이루어진다는 의미에서 선물거래라 하고, 계약일과 결제일이 현재 동시에 이루어진다는 의미에서 현물거래라 한다.

격과 거래량을 현재시점에서 미리 확정하는 것으로서, 선물거래를 통하여 상품의 미래가치를 현재시점에 확정할 수 있다. 그러므로 미래가격 변동에 따른 위험을 선물거래를 통해 회피할 수 있다.

선물환은 선물거래 중 대상상품이 외환인 것이다. 선물환은 일정기간 후 거래될 외환의 가격(환율)을 현재시점에서 확정하는 것이다. 선물환 거래를 이용하여 수출입업체가 환위험을 회피하는, 즉 환헤징하는 방법을 살펴보자.

먼저 수출업체가 헤징하는 방법부터 보자. 수출업체가 결제는 3개월 후에 이루어지는 것으로 하여 어떤 상품을 10,000달러어치 수출하였다. 현재의 환율은 달러당 1,000원이다. 그 수출업체가 수취할 금액을 현재의 환율로 계산하면 천만 원이다. 그런데 3개월 후 환율이 950원으로 하락한다면 수취할 금액이 950만원으로 줄어든다.[3] 이런 위험을 회피하기 위해 수출업체는 선물환을 매입하는 것이 아니라 매도한다. 왜냐하면, 3개월 후 받을 외환을 미리 확정된 금액으로 팔아야 위험을 회피할 수 있기 때문이다.

현재 3개월물 선물환이 달러당 980원이라고 하자. 그 수출업체가 그 선물환을 매도해 놓으면 3개월 후 받은 10,000달러를 달러당 980원으로 매도할 수 있고, 그 결과 980만원을 수취할 수 있다. 따라서 선물환을 매도하지 않았을 경우에 비해 30만원의 득을 볼 수 있다. 물론 3개월 후 환율이 선물환율 980원보다 높아지면, 선물환의 매도계약을 하지 않았더라면 3개월 후 현물시장에서 매도함으로써 더 많은 금액을

3 만약 1,100원으로 상승하면 수취할 금액이 1,100만원으로 늘어난다. 따라서 수출업체는 환율변동에 따른 수취금액의 변동에 직면한다. 만약 아무런 조치를 취하지 않으면 득을 볼 수도 있고 손해를 볼 수도 있다. 그러나 일반적으로 손해를 회피하고자 할 것이다.

수취할 수 있다. 하지만 3개월 후 현물환율이 위의 예에서처럼 980원보다 낮은 950원이 되면 선물환을 이용하는 것보다 적은 950만원을 수취하게 된다. 이런 위험을 회피하기 위해 선물환을 이용하는 것이다.

3개월 후 현물환율이 선물환율보다 높아서 더 벌 수 있는 금액을 포기하는 것은 위험회피를 위한 보험료이다. 선물환 매입자가 그 금액만큼 이득을 보는 것이다. 하지만 선물환 매입자는 3개월 후 현물환율이 선물환율보다 낮아지게 되면 손해를 보게 된다. 수출업자의 입장에서 선물환 매입자는 보험회사와 같은 역할을 한다. 이와 같이 수출업자는 선물환을 매도함으로써 환율변동에 관계없이 받을 달러의 원화가치를 확정시킬 수 있다.

이번에는 수입업체가 헤징하는 방법을 보자. 수입업체가 결제는 3개월 후에 이루어지는 것으로 하여 어떤 상품을 10,000달러어치 수입하였다. 현재의 환율은 달러당 1,000원이다. 그 수입업체가 지급할 금액을 현재의 환율로 계산하면 천만 원이다. 그런데 3개월 후 환율이 1,050원으로 상승한다면 지급할 금액이 1,050만원으로 늘어난다. 이런 위험을 회피하기 위해 수입업체는 선물환을 매도하는 것이 아니라 매입한다. 왜냐하면, 3개월 후 지급할 외환을 미리 확정된 금액으로 구입해야 위험을 회피할 수 있기 때문이다.

현재 3개월물 선물환이 달러당 1,020원이라고 하자. 그 수입업체가 그 선물환을 매입해 놓으면 3개월 후 지급할 10,000달러를 달러당 1,020원으로 매도할 수 있고, 그 결과 1,020만원을 지급한다, 따라서 선물환을 매도하지 않았을 경우에 비해 30만원의 득을 볼 수 있다. 물론 3개월 후 환율이 선물환율 1,020원보다 낮아지면, 선물환의 매도계약을 하지 않았더라면 더 적은 금액을 지급한다. 하지만 3개월 후 현물환율이 위의 예에서처럼 1,020원보다 높아지면 선물환을 이용하는 것보다 많은 금액을 지불하게 된다. 이런 위험을 회피하기 위해 선물환을 이용하는 것이다.

3개월 후 현물환율이 선물환율보다 낮아서 더 벌 수 있는 금액을 포기하는 것은 위험회피를 위한 보험료이다. 선물환 매도자가 그 금액만큼 이득을 보는 것이다. 하지만 선물환 매도자는 3개월 후 현물환율이 선물환율보다 높아지게 되면 손해를 보게 된다. 수입업자의 입장에서 선물환 매도자는 보험회사와 같은 역할을 한다. 이와 같이 수출입자는 선물환을 매입함으로써 환율변동에 관계없이 지불할 달러의 원화가치를 확정시킬 수 있다.

이상에서 본 바와 같이 수출업체는 선물환을 매도함으로써, 수입업체는 선물환을 매입함으로써 환위험을 회피할 수 있다. 수출업체는 외화자산 보유자이고, 수입업체는 외화부채 보유자이다. 따라서 현재 외화자산을 보유한 사람은 선물환을 매도함으로써, 외화부채를 보유한 사람은 선물환을 매입함으로써 환위험을 회피할 수 있다.

위에서 본 것처럼, 선물환 계약자는 무조건 그 계약을 이행해야 한다. 위의 예에서 수출업자는 선물환을 매도계약할 경우 현물환율(예를 들면, 990원)이 선물환율(예를 들면, 980원)보다 높아지더라도 980원으로 매도함으로써 달러당 10원을 더 벌 수 있는 기회를 포기한다. 물론 하락할 경우를 대비하여 그런 기회에 해당하는 금액을 보험료로 납부하는 것이다. 하지만 그런 기회를 이용할 수 있는 방법이 있다. 그 방법이 통화옵션을 이용하는 것이다.

통화옵션은 선물환과 달리 계약을 이행할 수 있는 권리를 사고파는 것으로서, 상황에 따라 계약을 이행하지 않아도 된다. 매매를 이행할 환율을 통화옵션행사가격이라고 한다. 행사가격으로 팔 수 있는 권리를 풋옵션이라 하며, 살 수 있는 권리를 콜옵션이라고 한다. 수출업자는 풋옵션을 구입하여, 수입업자는 콜옵션을 구입하여 헤징을 한다.

행사가격이 선물환율과 같은 980원이라고 하자. 수출업자가 헤징을 위해 통화 풋옵션을 구입하였다. 현물환율이 990원으로 행사가격보다 높아질 경우, 풋옵션을 행사하면 10,000달러가 980만원이 되고, 풋옵션을 행사하지 않고 현물시장에서 바꾸면 990만원이 된다. 따라서 이런 경우 행사를 하지 않는다. 반면 현물가격이 행사가격보다 낮은 970원이 될 경우, 풋옵션을 행사하면 980만원, 행사하지 않고 현물시장을 이용하면 970만원이 되므로 행사를 한다. 이와 같이 옵션을 이용하면 옵션 매입자는 항상 득을 본다. 반면에 옵션 매도자는 항상 손해를 입는다. 따라서 옵션 매도자가 존재할 수 없다.

그러므로 옵션 매도자의 존재를 위해 그들에게 이익을 볼 기회를 제공해야 한다. 그것이 옵션프리미엄이다. 이것은 옵션 계약시 매입자가 매도자에게 지불하는 금액이다. 매입자가 행사를 하지 않더라도 매도자에게 받을 수 없다. 따라서 옵션매도자가 최대로 벌 수 있는 금액은 옵션프리미엄이고 손해를 보는 한도는 현물가격과 행사가격 간의 차이로서 한도가 정해져 있지 않다. 따라서 옵션을 매도할 때는 신중해야 한다. 반면에 옵션매입자가 최대로 손해를 보는 금액은 옵션프리미엄이고 이익을 보는 한도는 정해져 있지 않다. 옵션매입자의 입장에서 옵션프리미엄이 보험료에 해당한다. 한편 수입업자는 수출업자와 반대로 콜옵션, 즉 행사가격으로 살 수 있는 권리를 구입함으로써 헤징할 수 있다.

이와 같이 수출업자와 같은 외화자산 보유자는 풋옵션 매입을 통해, 수입업자와 같은 외화부채 소유자는 콜옵션 매입을 통해 헤징할 수 있다. 한 가지 주의해야 한다. 풋옵션은 팔 수 있는 권리이므로, 수출업자와 같은 외화자산 보유자가 헤징하는 방법을 풋옵션을 매도하는 것으로 착각해서는 안 된다. 풋옵션은 단지 팔 수 있는 권리일 뿐이다. 헤징을 하기 위해서는 풋옵션이든 콜옵션이든 무조건 매입을 해야 한다. 외화자산 보유자는 풋옵션을, 외화부채 보유자는 콜옵션을 매입해야 한다.

한편 옵션 이용시 높은 프리미엄을 지급해야 하는 단점을 보완하여 나온 상품이 키코(knock-in, knock-out: KIKO)이다. 키코는 풋옵션(팔 권리)의 매수와 콜옵션(살 권리)의 매도가 결합된 상품이다. 구체적으로 살펴보면, 기업이 은행으로부터 풋옵션을 매입하되 약정환율과 그 적용범위의 상하한이 정해져 있으며, 계약기간 동안 환율이 하한을 하회하면 풋옵션이 소멸되고, 상한을 상회하면 계약금액의 2배에 해당하는 콜옵션 매도(약정환율로 은행에게 매도)가 발효되는 상품으로서 상하한의 범위 내에서는 유효(knock-in)하나 그 범위를 이탈하면 유효하지 않고(knock-out) 오히려 페널티가 부과된다.

예를 들면, 어떤 기업이 약정액 100만 달러를 1달러당 약정환율 1,000원, 하한 950원, 상한 1,050원으로 정하여 은행과 계약하였을 때, 만기시 환율이 970원으로 내려가더라도 약정환율 1,000원을 적용받아 이익을 얻을 수 있다. 또 만기시 환율이 1,000원에서 1,050원 사이에 해당할 때는 옵션계약을 이행하지 않고 시장가격에 매도하여 이익을 얻을 수 있다.

그러나 만기시 환율이 하한인 950원 미만으로 내려가면 계약이 무효가 되어 환손실을 그대로 감수해야 하고, 상한인 1,050원을 초과하여 올라가는 경우에도 오른 환율로 현물시장에서 매입하여 은행에 매도해야 하기 때문에 손실을 입는다. 이와 같이 환율이 하한과 상한 사이에서 변동한다면 기업이 환위험을 회피하여 이익을 보지만, 환율이 상하한을 벗어나면 손실을 보게 된다.

2008년 한국에서 환율이 급등하였을 때, 은행과 키코 계약을 맺은 중소기업들이 큰 손실을 보았으며, 견실한 중견기업체가 환차손으로 흑자 도산한 사례도 있다. 2007년까지 원 달러 환율이 수년간 하락세를 지속함에 따라 많은 수출 중소기업들이 은행과 키코 계약을 체결했는데, 이후 예상과 달리 환율이 급등세를 보이며 상한환율을 넘어섬에 따라 해당 중소기업들이 큰 손실을 보았다. 이에 대해 기업들이 키코 상품에 내재되어 있는 위험, 은행들의 불완전 판매 여부 등의 이유로 소송을 제기하였으나, 최근 판결에 의하면 모두 패소하였다.

한편 환율은 외환의 거래가 이루어지는 외환시장(foreign market)에서 결정된다. 환율도 다른 상품과 마찬가지로 외환의 수요와 공급에 의해 결정된다. 외환의 수요는 수입업자, 해외여행자, 해외대출업자, 해외투자자 등 외화를 외국에 지불 및 사용하는 주체에 의해 이루어진다. 반면, 외환의 공급은 수출업자, 국내여행 외국인, 외화차입업자, 국내투자 외국인 등 외화를 국내에 수취 및 사용하는 주체에 의해 이루어진다. 따라서 수입, 해외여행, 해외대출, 해외투자가 증가하면 외환의 수요가 증가하여 환율이 상승한다. 반면, 수출, 외국인의 국내여행, 외국으로부터 차입, 외국인의 투자가 증가하면, 외환의 공급이 증가하여 환율이 하락한다.

이와 같이 환율이 외환시장에서 수요와 공급에 의해 결정되는 것을 변동환율제도라고 한다. 반면 외환시장에서의 수요·공급이 아닌 국가에서 환율을 고정시켜 두는 것을 고정환율제도라 한다. 이는 1970~80년대 초만 하더라도 많은 국가에서 시행하던 제도였으나, 오늘날 고정환율제도를 시행하는 나라는 그다지 많지 않다. 변동환율제하에서는 수출이 증대하면 외환의 공급이 증가하여 환율이 하락하여 수출이 감소하게 된다. 따라서 자유로운 환율변동을 통해 국제수지가 조절된다. 흑자인 국가는 수출이 감소하고 적자인 국가는 수출이 증가하여 국제수지가 조절되므로 무역분쟁이 없어진다. 이런 이유로 대부분 국가에서 변동환율제를 채택하고 있다.

그런데 일부 국가는 자국만의 이익, 즉 지속적인 수출증대를 위해 고정환율제도를 유지하고 있다. 이 제도를 채택하고 있는 대표적인 국가가 중국이다. 이로 인하여 중국은 무역흑자가 지속되고 미국 등을 비롯한 변동환율제를 채택하는 나라들은 무역적자가 지속되고 있다. 따라서 미국 등을 비롯한 변동환율제를 채택하는 나라들은 중국에 대해 변동환율제를 채택하도록 강력하게 요구하고 있다.

변동환율제하에서는 투기자본의 공격에 아주 취약하다. 이런 취약점에 대비하기 위하여 변동환율제를 채택하더라도 국가가 외환시장에 개입하여 급격한 환율변동을 방어한다. 이것을 관리변동환율제도라 한다.

## 30강 개요

| 환율 |
| --- |
| 두 나라 화폐간 교환비율 |

↓

| 환율표시방법 | |
| --- | --- |
| 자국통화표시환율 | 외국통화 한 단위를 자국통화로 표시<br>예) 1달러 1,000원: 대부분 국가 사용 |
| 외국통화표시환율 | 자국통화 한 단위를 외국통화로 표시<br>예) 1원 0.001달러: 미국, 유럽 |

↓

| 환율하락: 우리 돈 가치 상승 | |
| --- | --- |
| 수출업자 | 국제경쟁력 하락 → 수출 감소 |
| 수입업자 | 수입품 국내가격 하락 → 비용 감소 |

| 수출입대금 결제시기: 미래 |
| --- |
| 환위험(환율변동에 따른 수취·지급액 변동에 따른 손실) 발생 |

↓

| 대책: 환헤징 | |
| --- | --- |
| 선물환 이용 | 수출업체: 선물환 매도, 수입업체: 선물환 매입 |
| 통화옵션 이용 | 수출업체: 풋옵션 매입, 수입업체: 콜옵션 매입 |

MEMO

# 31강 FTA로 우리나라 농업이 도태되는가?: 자유무역 및 보호무역의 효과

석유가 전혀 생산되지 않고 쌀만을 생산하는 국가와 쌀이 전혀 생산되지 않고 석유만 생산하는 국가가 존재한다고 하자. 당연히 이들 국가들은 자체적으로는 생산되지 않는 석유와 쌀을 확보할 수 있는 방법이 전혀 존재하지 않는다. 하지만 이들 국가들이 각각 자국에서 생산한 쌀과 석유를 서로 자유롭게 교환하게 된다면 이들 국가들은 마치 쌀을 석유로, 석유를 쌀로 변환시키는 기술을 개발한 것과 같은 결과를 얻게 된다. 이와 같이 자유무역에 참여한 당사국 국민 모두는 예전에는 소비가 불가능했던 재화들을 소비할 수 있게 됨으로써 상호이익을 얻을 수 있다.

또한 이전에 각국에서 생산이 가능한 것들도 5강에서 살펴 본 비교우위에 따라 특화하여 서로 교환(즉, 무역)하면 양국 국민 모두 이득을 본다. 캐나다는 밀 생산에 절대우위를, 시계 생산에 절대열위를 갖고 있는 반면, 스위스는 시계 생산에 절대우위를, 밀생산에 절대열위를 갖고 있으면, 캐나다는 밀 생산에, 스위스는 시계 생산에 비교우위를 갖는다. 이런 경우 각국이 비교우위에 있는 상품을 생산하면, 생산비용이 낮아진다. 반면, 각국이 비교우위에 있지 않는 상품을 생산하면, 생산비용이 높아진다. 따라서 그런 상품은 외국에서 구입하는 것이 오히려 싸다. 즉, 캐나다 국민들은 국내에서 생산된 시계보다 스위스에서 생산된 시계를 더 싸게 구입할 수 있고, 스위스 국민들은 국내에서 생산된 밀보다 캐나다에서 생산된 밀을 더 싸게 구입할 수 있다. 따라서 자유무역을 통해서 더 싼 재화를 구입할 수 있다.

한편 한국은 자동차와 신발 생산에 모두 절대우위가 있고 인도는 모두 절대열위가 있더라도, 한국은 자동차에 비교우위가 있고 인도는 신발에 비교우위가 있다고 하자. 이런 경우에도 양국이 비교우위에 있는 부분에 특화하여 서로 자유롭게 교환한다면, 양국 국민들은 더 많은 자동차와 신발을 획득할 수 있다.[1]

이상에서 본 바와 같이, 자유무역을 함으로써 각국은 비교우위에 따라 생산하게 되고, 그 결과 각국 국민들은 더 많은 이익을 얻을 수 있다. 따라서 각국은 이런 혜택을 주는 자유무역을 추진하기 위해 국가들 간에 자유무역협정(Free Trade Agreement: FTA)을 체결하거나 협상 중에 있다.

그러나 FTA에 반대하는 목소리들도 있다. 특히 경쟁력이 낮은 산업에 종사하는 사람들은 FTA를 시행하면 그 산업의 소득이 낮아지거나 그 산업이 도태된다고 생각하기 때문에 격렬한 반대시위를 한다. 이러한 주장에 동조하는 학자들이 보호무역 지지자들이다.

그들은 위와 같은 논리뿐만 아니라 다음과 같은 다른 논리들에도 입각하여 자유무역을 반대하고 보호무역을 지지한다: 유치산업 보호

1 물론 이런 경우 만약 한국에서 신발도 생산한다면, 한국 국민들은 한국산 신발을 인도산 신발보다 더 싸게 구입할 수 있다. 하지만 5강에서 본 바와 같이 한국이 비교우위에 있는 자동차만 생산함으로써 자동차뿐만 아니라 신발도 더 많이 구입할 수 있다.

론, 식량안보론, 소득양극화의 가속화 등.

유치산업 보호론은 발달 초기에 있거나 발달이 충분하지 못한 산업을 자유경쟁에 맡기면 도태되기 때문에 경쟁력을 갖출 때까지 보호해야 한다는 주장이다. 식량안보론은 쌀과 같은 식량을 대외에 의존하면 전쟁이 발발할 때 적국과 그에 동조하는 국가들이 식량공급을 제재함으로써 전쟁에 패할 수밖에 없고, 평상시에도 해외공급자들의 가격상승 전략에 취약할 수밖에 없기 때문에 식량생산은 경쟁력이 떨어지더라도 안보차원에서 보호되어 국내생산이 이루어져야 한다는 주장이다. 소득 양극화의 가속화는 자유무역으로 소득 양극화가 더욱 더 커지기 때문에 보호무역을 해야 된다는 주장이다.

과연 이런 주장들이 타당성이 있는지를 검토해 보자.[2]

먼저, 경쟁력이 낮은 산업에 종사하는 사람들은 FTA를 시행하면 그 산업의 소득이 낮아지거나 도태되기 때문에 피해를 본다는 주장에 대해 검토해 보자. 우리나라 농축산업을 통해 검토해 보자. 우리나라의 농축산업은 경작규모나 경영규모가 작아서 규모의 경제를 실현하기 어렵기 때문에 국제경쟁력이 낮다고 한다. 따라서 FTA를 시행하면 농가의 소득이 감소하거나 도태된다고 주장한다.

일견 보면 맞는 것처럼 보인다. FTA 시행으로 경쟁력이 낮은 농가들의 소득이 낮아지거나 도태되는 현상을 우리가 목격하기 때문이다. 그러나 이런 현상은 단기적이고 일시적인 현상이다. 이런 상황에 직면한 농가들은 다양한 노력을 통해 경쟁력을 향상시킬 수 있다. 경쟁력은 가격에서만 발생되는 것이 아니다. 품질, 기호충족 여부 등 다양한 측면에서 경쟁이 이루어진다. 규모의 경제를 실현하지 못함으로써 가격

2 전용덕(2007), pp. 6~19 참조.

경쟁은 뒤처질 수 있지만, 품질이나 기호충족에서는 경쟁력을 높일 수 있다. 토양 등 자연환경으로 인해 품질이 다르기 때문에 우리 입맛에 맞는 농축산물을 외국에서는 공급하기 힘들다. FTA 시행으로 우리의 농축산물이 외국 것에 비해 좋다는 것을 우리 국민들은 자각하고 인정한다. 우리들은 외국산 농산물보다 국내산 농산물을 선호하고, 수입산 쇠고기보다 한우를 선호한다. 외국산 농축산물에 속지 않기 위해 우리들은 원산지 표시를 요구하였으며, 정부는 원산지 표시제를 시행하고 있다.

아울러 FTA시행 이후 농가들은 국내소비자들의 다양한 기호에 부응하기 위해, 즉 경쟁력을 높이기 위해 노력한 결과 국산 농축산물은 외국산에 비해 경쟁력이 높아졌다. 따라서 상당수 농가들의 소득은 FTA 시행 전에 비해 높거나 전과 같이 유지된다. 물론 일부 농가들은 소득이 낮아지거나 도태되었다.

그러면 어떤 농가들이 이런 현상에 직면하는가? 국내소비자들의 욕구를 잘 충족시키지 못한 채, FTA시행 이전과 같이 질이 낮으면서 높은 가격을 요구하는 농가들이다. 소비자들은 질이 같거나 비슷하면 낮은 가격을 선호하며, 또한 질이 낮으면 대신 가격이 아주 낮은 재화를 선호한다. 따라서 외국산에 비해 질이 높지 않는데도 불구하고 높은 생산비용 때문에 높은 가격으로 판매하는 농산물은 잘 팔리지 않는다. 이런 농산물을 생산하는 농가들은 도태된다. 그들은 FTA 시행으로 피해를 본다고 생각할 것이다.

하지만 한 가지 생각해야 할 점이 있다. 이런 농가들은 FTA 시행 이전에 보호를 통해 인위적인 진입장벽을 세움으로써 소비자들의 희생으로 그들은 독점이득을 얻고 있었다. 보호무역으로 소비자들이 그들의 농산물을 값 비싸게 구입할 수밖에 없었던 것이다. 이런 점에서 그들의 이득이 감소하거나 그들이 도태됨으로써 그들이 피해를 입는다기보다는 오히려 소비자의 희생이 줄어든다고 볼 수도 있다. 소비자 희생의 감소분이 그들이 주장하는 피해의 증가분보다 크다. 왜냐하면, 개방이 되면 소비자들은 더 싼 값으로 더 많이 구입할 수 있기 때문이다. 그리고 그들이 영원히 도태되는 것도 아니다. 기존 농축산업 부문에서 경쟁력 향상을 위해 노력을 하면 위에서 언급한 것처럼 성공할 수 있다. 만약 기존 부문에서 경쟁력 향상이 힘든 농가들은 FTA 시행으로 일자리가 늘어난 부문 즉 비교우위가 있는 부문으로 전직하면 될 것이다.

유치산업 보호론을 검토해 보자. 그 초점은 경쟁력을 갖출 때까지 유치산업을 보호해야 한다는 주장이다. 과연 유치산업을 보호하면 경쟁력이 갖추어질까?

보호를 받을 경우 경쟁력은 함양되지 않는다. 보호를 받을 경우 경쟁자가 배제되기 때문에 경쟁력을 갖추는 노력을 하지 않는다. 단지, 그들은 보호를 통해 인위적인 진입장벽을 세움으로써 소비자에게 저질의 제품을 높은 가격으로 판매하여 독점이득만 챙길 뿐이다. 경쟁력과 생존능력은 경쟁을 통해서만 함양된다. 엄마의 보호 밑에서 자라난 마마보이는 경쟁력과 생존능력이 없지 않은가!

삼성전자와 현대자동차 등이 세계적 경쟁력을 갖춘 것이 국내에서 보호받았기 때문인가? 그들이 국내에서 보호받고 국내소비자들만을 대상으로 생산하고 있었다면 경쟁력을 높이기 위해 노력하지 않았을 것이다. 그들의 생산물 중 국내소비자에 의해 소비되는 부문은 비중이 작다. 따라서 세계시장에서 모든 생산자들과 경쟁한다. 그들의 경쟁력이 높아진 것은 세계시장에서 다른 모든 생산자와 경쟁을 했기 때문이다. 물론 경쟁에서 패퇴할 수도 있다. 그러나 분명한 것은 보호를 하면 경쟁력은 함양되지 않는다는 점이다. 경쟁력을 높이기 위해서는 경쟁 속에 뛰어들어야 한다. 이와 같이 유치산업 보호론은 일부 산업이 소비자들의 희생 하에서 독점이득을 챙기기 위한 미명일 뿐이다.

다음으로 식량안보론을 검토해보자. 그 초점은 안보차원에서 식량은 경쟁력이 떨어지더라도 보호되어 국내생산이 이루어져야 한다는 주장이다. 과연 경쟁력이 떨어진 식량을 국내에서 생산해야만 국가안보가 지켜지는가? 즉, 경쟁력이 떨어진 식량을 국내에서 생산하지 않으면 국가안보를 지킬 수 없는가? 위에서 두 가지 측면에서 안보차원이 있었는데, 하나는 적국과 그에 동조하는 국가들이 식량공급을 제재함으로써 전쟁에 패할 수밖에 없다는 것이고, 다른 하나는 평상시에도 해외공급자들의 가격상승 전략에 취약할 수밖에 없다는 것이다. 차례로 살펴보자.

전쟁시 적국과 그에 동조하는 국가들이 식량공급을 제재하더라도 식량 때문에 전쟁에서 패하지는 않을 것이다. 요즈음 전쟁은 무기의 발달로 단기전으로 이루어진다. 또한 전쟁발발을 대비하여 평상시 때 비축하면 된다.

평상시 해외공급자들의 가격상승 전략에도 속수무책으로 당하지 않을 수 있다. 가격상승에 대비하여 선물시장을 이용하여 사전에 구입계약을 하면 된다. 우리는 국내에서 생산되지 않는 원유의 가격상승에 대비하여 선물시장에서 미리 구입계약을 하고 있지 않는가! 이와 같이 식량안보론도 식량 산업이 소비자들의 희생 하에서 독점이득을 챙기기 위한 미명일 뿐이다.

마지막으로 소득 양극화의 가속화를 살펴보자. 과연 자유무역으로 소득 양극화가 더욱 더 커지는가?

후진국인 빈국의 소득 양극화와 선진국인 부국의 소득 양극화를 비교해 보자. 어느 국가가 더 심한가? 선진국보다 후진국이 더 심하다. 후진국의 부자는 선진국의 부자처럼 생활을 하고 있지만 후진국의 빈자는 선진국의 빈자보다 생활수준이 훨씬 못하다. 선진국의 빈자는 자동차를 비롯한 다양한 소비재를 향유할 수 있지만 후진국의 빈자는 향유할 수 없다. 물론 선진국의 빈자도 질이 낮고 값싼 것을 향유한다. 그러나 후진국의 빈자는 그것조차도 향유할 수 없다. 선진국의 빈자가 질은 낮지만 값싼 제품을 향유할 수 있는 이유는 자유무역 때문이다. 자유무역으로 외국으로부터 다양한 종류와 질의 재화들이 공급되기 때문이다.

또한 자유무역으로 후진국에서 기존의 비교우위 부문에서 수출의 증가로 일자리가 창출된다. 비교열위에 있던 사람들 중 퇴출된 사람들이 이 부문으로 이동함으로써 보다 높은 소득을 획득한다. 아울러 비교열위 부문에서도 일부는 경쟁력이 높아져서 퇴출되지 않고 생존하게 됨으로써 보다 높은 소득을 얻게 된다. 그리고 재화들의 가격이 낮아지거나 질이 좋아짐으로써 빈자들의 생활수준도 향상된다. 따라서 자유무역으로 소득 양극화가 가속되기보다는 점점 완화된다.

이상에서 본 바와 같이 보호무역을 주장하는 것은 특정 집단이 이익을 보기 위한 미명일 뿐이다. 그들은 FTA 시행으로 인한 단기적인 효과만 강조하고 그로 인한 중·장기적인 효과는 무시하고 있다. 단기적인 효과도 올바르게 평가하지 않고 있다. 특정 집단의 피해만 강조하고 소비자의 이득은 무시한다. 피해라는 것도 실제적으로 평가하면 소비자를 희생시켜 얻은 독점이익일 뿐이다. 이에 반해 자유무역은 모든 국가의 국민들을 더 나은 생활로 인도하는 것이다.

이런 점에서 전 세계적으로 자유무역의 추진이 활발하지만 아직도 그릇된 논리에 의해 일부 집단들은 완전한 자유무역에 대해 반발하고 있다. 즉, 특정부문에 대한 보호를 주장하고 있다. 무역을 제한하는 조치에는 여러 가지가 있는데, 대표적인 수단이 관세와 수입쿼터이다. 관세는 수입품에 대해 세금을 부과하는 것이다. 관세를 높게 부과하면 수입품의 국내 판매가격이 높아지기 때문에 수입이 억제된다. 이처럼 관세는 강력한 무역장벽이 된다. 수입쿼터도 강력한 무역장벽이 된다. 수입쿼터란 수입량을 미리 할당해서 그 이상은 수입을 하지 못하도록 하는 수입규제정책이다.[3] 또한 수입쿼터의 한 변형으로 수출국의 자율규제라는 수단도 있다. 수입국이 수출국과 협상을 통해 수출국이 자발적으로 수출을 제한하도록 하는 것이다.[4]

한편 산업 내에서도 무역이 발생한다. 예를 들면, 일부 국가들은 자동차를 생산하여 서로 수출하고 수입한다. 산업 내 무역이 발생하는 이유는 소비자들의 욕구가 다양하고 생산자들의 능력이 다르기 때문에 각국 생산자들은 비교우위에 입각하여 다양한 유형들을 생산하여 서로 경쟁하기도 한다.

끝으로, FTA를 추진할 때 보호조치를 많이 할수록 그 국가가 이득

3 스크린쿼터도 수입쿼터의 한 예이다. 스크린쿼터란 자국의 영화를 일정 기준일수 이상 상영하도록 하는 제도이다. 이로 인해 외화의 상영일수가 줄어든다.

4 미국은 일본으로부터 자동차수입을 규제하기 위하여 직접적인 수입쿼터 대신 일본 정부와의 협상을 통해 일본이 자발적으로 미국으로의 자동차 수출을 제한하도록 하였다. 1981년에 이 협상이 성립되자 미국으로의 일본 자동차수출은 7.7% 감소하였다. 그러나 1985년 이 규제를 풀자 일본으로부터의 자동차 수입은 다시 급증하였다.

을 보고 타국은 손해를 본다는 주장에 대해 검토해보자. 위에서 본 바와 같이 보호조치를 취하면 그 국가의 국민들 중에서 보호를 받는 생산자는 이득을 보지만 그에 비해 소비자들은 더 큰 피해를 입는다. 왜냐하면, 더 싼 가격으로 더 많은 재화를 구입할 수 있는 기회가 봉쇄되기 때문이다. 따라서 보호조치를 많이 할수록 오히려 손해를 많이 보고, 보호조치를 적게 할수록 손해를 적게 본다. 즉, 개방의 정도가 높은 국가일수록 상대적으로 이득이 된다. 최선의 이득은 완전히 개방하는 것이다.

## 31강 개요

| 자유무역의 근거 |
| --- |
| 비교우위에 따라 국가가 분업 및 교환<br>⇒ 양국 모두 이득, 특히 소비자 저렴한 가격으로 구입 |

↓

| 자유무역 반대(보호무역 찬성) 이유 |
| --- |
| 비교열위산업 도태, 유치산업 보호, 식량안보, 소득양극화 심화 |

↓

| 보호무역논리 오류 | |
| --- | --- |
| 비교열위산업 도태 | 일시적 부분적 현상(일부 농가 도태),<br>중장기: 경쟁력 향상으로 비교우위 확립 |
| 유치산업`보호 | 보호시 유치산업에서 벗어나지 못함 |
| 식량안보 | 현대전: 단기전 → 사전 비축가능, 인도적 차원: 식량지원 |
| 소득양극화 심화 | 자유무역(선진국)보다 보호무역(후진국)이 빈부격차 심화 |
| 일자리 상실 | 일자리 · 소득 창출효과: 비교우위부문 〉 비교열위부문 |

## 참고문헌


이승모(2012), 독점은 사악한가, 유원북스.

전용덕(2007), 권리 · 시장 · 정부, 대구대학교 출판부.

Mises, Ludwig von[1996(1949)], *Human Action*, Yale University Press. 민경국 · 박종운 공역(2011), 인간행동, 지식을만드는지식.

Pejovich, Svetozar(1990), *The Economics of Property Rights: Toward a Theory of Comparative Systems*, Kluwer Academic Publishers. 한상인 · 이승모 · 백진현 공역(2000), 재산권경제학: 비교경제체제서설, 문영사.

Rothbard, Murray N.[1993(1962)], *Man, Economy, and State*, Ludwig von Mises Institute. 전용덕 · 김이석 공역(2006), 인간 · 경제 · 국가, 자유기업원/나남출판.

## 찾아보기

[저자 소개]


한상인

경일대학교 금융증권학과 교수
경제학박사(도쿄대)
역서: 재산권경제학(문영사)

이승모

경제학자, 경제평론가
아시아대학교 교수 역임
경제학박사(영남대)
저서: 독점은 사악한가(유원북스)
역서: 재산권경제학(문영사)

이동헌

한국산업기술대학교 지식기반기술에너지대학원 교수
경제학박사(영남대)
저서: 경제학강의(학문사)



**현실경제의 이해**

2014년 7월 15일 초판인쇄
2014년 7월 20일 초판1쇄발행

저 자 한상인 · 이승모 · 이동헌
발행인 이 구 만
발행처 유원북스 도서출판

121-130 서울특별시 마포구 토정로 198, 204호
전화 (02)593-1800 Fax (02)593-1801
등록 2011. 9. 6. 제25100-2012-3호
www.uwonbooks.com uwbooks@daum.net

정가 22,000원 ISBN 978-89-97926-25-1

이 도서의 국립중앙도서관 출판예정도서목록(CIP)은 서지정보유통지원시스템 홈페이지(http://seoji.nl.go.kr)와 국가자료공동목록시스템(http://www.nl.go.kr/kolisnet)에서 이용하실 수 있습니다.(CIP제어번호: CIP2014020547)